Schülerhilfe®
Das Original. Seit 1974.

W0380083

GUTE NOTEN IN DEUTSCH

KLASSE 3/4

BIRGIT KÖLMEL

tandem.VERLAG
print line

Illustrationen: Ute Ohlms, Braunschweig
Layout: Regina Rechter, München
Umschlagabbildung: pressmaster/shutterstock
Umschlaggestaltung: [rincón]2 medien gmbh, Köln

www.tandem-verlag.de
© Genehmigte Sonderausgabe für Tandem Verlag GmbH, Birkenstraße 10, D-14469 Potsdam

Das Werk und seine Teile sind urheberrechtlich geschützt. Jede Verwertung in anderen als den gesetzlich zugelassenen Fällen bedarf daher der vorherigen schriftlichen Einwilligung des Verlages.
Gesamtherstellung: Tandem Verlag GmbH, Potsdam

ISBN 978-3-8427-1191-4

Klasse 3

Vorwort

Klasse 4

Richtig schreiben

Sprache untersuchen

Texte schreiben

Lesen

Hallo liebe Schülerin, hallo lieber Schüler,

wir beide werden dich gemeinsam durch dieses Buch begleiten.

Suri ist ein Erdmännchen und kommt aus Afrika.

Wir sind schon lange die besten Freunde und haben bereits zahlreiche aufregende Abenteuer miteinander erlebt.
Gemeinsam mit uns kannst du in diesem Buch alles lernen, was du für Deutsch in der 3. und 4. Klasse brauchst. Damit dir das auch richtig Spaß macht, haben wir uns viele Rätsel und jede Menge Übungen ausgedacht.

Außerdem findest du am Ende eines jeden Kapitels einen Test. Hier kannst du selbst herausfinden, was du schon gelernt hast und wo du nochmals üben solltest.

Für jede Testaufgabe gibt es eine bestimmte Anzahl an Punkten. Löse die Aufgaben, ohne im Buch nachzuschauen, und sieh erst danach in die Lösungen.

Dann kannst du die erreichten Punkte in deinen Test eintragen – oder du bittest einen Erwachsenen, deine Aufgaben nach-zuprüfen und dir die entsprechenden Punkte zu geben. In der Testauswertung auf Seite 143 erfährst du, wie gut du den Test geschafft hast.

Viel Erfolg und Spaß beim Üben wünschen dir

Jule und Suri

1 WÖRTER TRENNEN

Wenn du ein Wort ganz langsam und deutlich aussprichst, dann hörst du die einzelnen **Silben**.

Beispiel: Banane ➜ **Ba – na – ne**

Es gibt Wörter mit nur einer Silbe **(einsilbige Wörter)** und Wörter mit mehreren Silben **(mehrsilbige Wörter)**.

Beispiel: Maus ➜ eine Silbe, also: einsilbiges Wort
Schu – le ➜ zwei Silben, also: mehrsilbiges Wort

Wörter mit mehreren Silben kannst du nach jeder Silbe trennen.

Wichtig: ck kann nicht getrennt werden!

Beispiel: Tas – se, Wes – te, Ap – fel, Kat – ze, Mü – cke

Übung 1

Löse dieses Silbenrätsel, indem du die Silben richtig zusammensetzt. Schreibe die Lösung auf und markiere die Silben durch Schrägstriche.

ser – ko – la – Mes – Bär – Kro – de – Ta –
Mar – Tan – pe – te – me – dil – ne

a) gefährliche Echse: Kro / ko / dil Bär

b) Damit kannst du schneiden: Messer Tanne Marmelade

Tapete

c) Wird auf Wände geklebt: ....

d) Nadelbaum, der oft als Weihnachtsbaum dient: ....

e) Brotaufstrich aus Früchten: ....

f) Großes Raubtier: ....

Übung 2

Schreibe die gesuchten Wörter nach Silben getrennt und als ganze Wörter auf.

Kas – ~~Ap~~ – Zi – Kat – Stra – Schu – ze – ~~fel~~ – ne – per – tro – ße – he

a)  Ap-fel, Apfel

b) 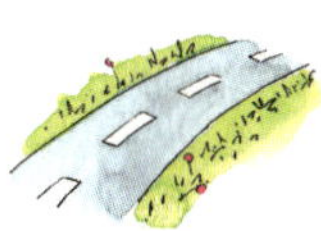 Stra-ße, Straße

c)  Kasper, Kasper

d)  Zi - tro - ne, Zitrone

e)  Kat - ze, Katze

f)  Schu - he, Schuhe

2 DOPPELTER MITLAUT

Mitlaute (Konsonanten) sind Buchstaben, die erst zusammen mit anderen Buchstaben richtig klingen.

Selbstlaute (Vokale) sind Buchstaben, die von selbst klingen. Die Selbstlaute heißen **a, e, i, o, u**. Sie können lang oder kurz gesprochen werden.
Auch **Umlaute (ä, ö, ü)** und **Doppellaute (ei, ai, eu, au, äu)** klingen selbst.

> **Wichtig:** Nach einem **kurz** gesprochenen **Selbstlaut** (Vokal) oder Umlaut steht oft ein **doppelter Mitlaut** (Konsonant).

Beispiel: Brille, schwimmen, nass

Übung 1

Setze die doppelten Mitlaute richtig ein:

ll ff nn ff pp tt ss mm

a) A......e
b) Sta......
c) Ke......e
d) Ka......e
e) Ha......er
f) Ka......e
g) Wa......er
h) Schi......

Übung 2

In diesem Gitterrätsel sind 11 Wörter mit doppeltem Mitlaut versteckt. Umkreise sie und schreibe sie richtig in die Tabelle.

W	A	N	N	E	D	H	Y	Q	M
G	Y	K	O	F	F	E	R	Ä	M
D	K	A	R	T	O	F	F	E	L
A	T	R	O	M	M	E	L	M	G
H	Ü	T	T	E	P	Q	T	A	R
K	R	H	M	D	V	G	A	T	I
A	U	K	I	S	S	E	N	T	F
M	D	Q	K	O	A	K	N	E	F
M	X	K	D	B	M	E	E	L	J
R	K	M	M	E	S	S	E	R	C

ff	mm	ss	nn	tt
Kartoffel	Trommel	Kissen	Wanne	Hütte
Koffer	Kamm	Messer	Tanne	Matte
Griff				

3 K ODER CK? Z ODER TZ?

Du weißt jetzt, dass der Mitlaut (Konsonant) nach einem kurzen Selbstlaut (Vokal) oft verdoppelt wird.

Eine Ausnahme machen die Mitlaute **k** und **z**, denn sie werden nicht verdoppelt. Nach einem kurzen Selbstlaut wird **k** zu **ck** und **t** zu **tz**.

Beispiel: Ja**ck**e, schle**ck**en, Wi**tz**, si**tz**en

Wichtig: Nach **l, m, n, r,** das merke ja, steht **nie tz** und **nie ck**.

Übung 1

k oder **ck**? Sprich das Wort erst laut aus und überlege, ob der Vokal kurz oder lang gesprochen wird. Setze dann k oder ck ein.

a) Ha k en

b) Glo ck e

c) Pa ck et

d) Zu ck er

e) Sa ck

f) Bettla ck en

g) Kra k e

h) Schne ck e

i) Dru ck

j) Bä ck er

Übung 2

Hier standen Wörter mit **tz**, aber die Buchstaben sind durcheinandergeraten. Setze sie richtig zusammen und schreibe das Wort auf die Linie.

a) iWtz: Witz

b) aShctz: Schatz

c) Keatz: Katze

d) üMetz: Mütze

e) aPltz: Platz

Übung 3

Jetzt wird's schwierig: **k** oder **ck**, **z** oder **tz**?

Du weißt doch: Nach l, m, n, r, das merke ja, steht nie tz und nie ck!

a) der Kran ck
b) die So ck en
c) das Glü ck
d) der Bli k
e) par ck en
f) pla tz en
g) star k
h) wel z?
i) der Sa tz
j) die Gren ___ e tz?

4 WÖRTER MIT Ä ODER ÄU

Ein Wort wird mit **ä** geschrieben, wenn es verwandte Wörter mit **a** gibt.

Beispiel: Äpfel – Apfel, Bäcker – backen

Ebenso wird ein Wort mit **äu** geschrieben, wenn es verwandte Wörter mit **au** gibt.

Beispiel: Häuptling – Haupt, Läufer – laufen

Wichtig: Einige wenige Wörter allerdings werden mit **ä** oder **äu** geschrieben, obwohl es keine verwandten Wörter mit **a** oder **au** gibt. Diese Wörter lernst du am besten auswendig.

Beispiel: Lärm, März, Bär, Säule
krähen, mähen, nämlich, allmählich, spät

Übung 1

Hier siehst du Wörter mit **ä** oder **äu**. Suche jeweils das verwandte Wort mit **a** oder **au** und schreibe es auf die Linie.

a) Säugling: saugen
b) Bäume: ____________
c) Stärke: ____________
d) Bräune: ____________
e) Bälle: ____________
f) kräftig: ____________
g) Häuptling: ____________
h) lästig: ____________

Übung 2

ä oder **e**? Setze richtig ein. Schreibe, wenn du **ä** eingesetzt hast, immer auch das verwandte Wort mit **a** darunter.

a) er f_ä_hrt
fahren

b) sie schl___ft

c) ich k___mme mich

d) er f___llt

e) ich l___se

f) du sch___lst

g) sie z___hlt

h) er h___bt

Übung 3

Hier sind alle **äu** aus den Wörtern gefallen. Schreibe sie wieder richtig hinein. Achtung: Ein Wort mit **eu** hat sich eingeschlichen. Findest du es?

äu äu äu eu äu äu

a) K___fer

b) Tr___me

c) Schl___che

d) B___le

e) Ger___sch

f) S___e

5 WÖRTER MIT AA, EE, OO

In einigen Wörtern mit **langem Selbstlaut** (Vokal) wird dieser Selbstlaut verdoppelt. Nur **a**, **e** und **o** können verdoppelt werden.

Beispiel: die Waage, das Meer, das Moos

Wichtig: Hat einer in der Familie einen doppelten Selbstlaut, hat die ganze Verwandtschaft den doppelten Selbstlaut.

Beispiel: das Meer – das Meeresrauschen – meergrün

Übung 1

Finde die Wörter mit doppeltem Selbstlaut.

a) Damit kann man messen, wie schwer etwas ist: ___ ___ ___ ___ ___

b) Nicht so groß wie das Meer: ___ ___ ___

c) Ohne Inhalt: ___ ___ ___ ___

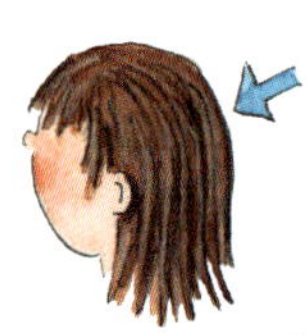

d) Hat man auf dem Kopf: ___ ___ ___ ___ ___

e) Fällt manchmal im Winter: ___ ___ ___ ___ ___ ___

f) Kleine Früchte: ___ ___ ___ ___ ___ ___

Übung 2

Welche doppelten Selbstlaute fehlen? Prüfe, ob **aa**, **ee** oder **oo** passt, und fülle dann die Lücke aus.

a) der Z______ b) der Kl______

c) der T______ d) das B______t

e) der Sp______r f) das M______s

g) der T______r h) das B______t

Übung 3

Hier sind Wörter mit doppeltem Selbstlaut rückwärts geschrieben.
Kannst du sie lesen?
Schreibe sie mit ihrem Begleiter richtig auf die Linie.

a) raaP: ______________ b) laaS: ______________

c) reeH: ______________ d) ereeB: ______________

e) sooM: ______________ f) eeffaK: ______________

Übung 4

Finde zu jedem Wort zwei verwandte Wörter und schreibe sie auf.

a) Zoo: Zootier ______________ b) Tee: ______________

c) Beere: ______________ d) See: ______________

6 WÖRTER MIT DEHNUNGS-H

Nach einem **langen Selbstlaut** (Vokal) steht manchmal ein **h**. Man spricht auch vom Dehnungs-h, weil es das gesprochene Wort in die Länge dehnt.

Beispiel: Lehrer, wohnen, lahm

Wichtig: Vor den Mitlauten (Konsonanten) **l, m, n** und **r** steht oft ein Dehnungs-h.

Beispiel: Mühle, Lehm, Bohnen, Ohr

Übung 1

Du weißt jetzt, dass vor **l**, **m**, **n** und **r** oft ein **Dehnungs-h** steht.
Ordne die Wörter richtig in die Tabelle ein.

sehr – ohne – ~~Fohlen~~ – Rahmen – fahren –
Bahn – hohl – Kohle – Ehre – Pfahl – zähmen –
Sahne – Lehm – Ruhm – Verkehr – Bühne

hl	hm	hn	hr
Fohlen			

Übung 2

Findest du das passende Wort?
Schreibe in jedes Kästchen einen Buchstaben.

7 WÖRTER MIT IE

Wörter, in denen das **i** lang gesprochen wird, schreibt man oft mit **ie**.

Beispiel: Sieger, fliegen, schief

Übung 1

Aus den Sätzen sind Wörter mit **ie** gefallen. Schreibe sie wieder richtig in die Lücken.

Wiese – Schienen – Zwiebel – Papier – Stiefel

a) Wenn ich eine ____________ schäle, dann muss ich weinen.

b) Ich brauche viel ____________ zum Malen.

c) Züge fahren auf ____________ .

d) Heute Nachmittag werden wir auf einer ____________ liegen.

e) Ob der Nikolaus meinen ____________ füllt?

Übung 2

Alles **ie**! Finde die Reimwörter.

siegen

a) kr..............................

b) b..............................

c) l..............................

d) w..............................

frieren

a) verl..............................

b) schm..............................

c) kap..............................

d) verz..............................

Übung 3

Welche Wörter mit **ie** sind gesucht?
Schreibe sie richtig auf.

a) 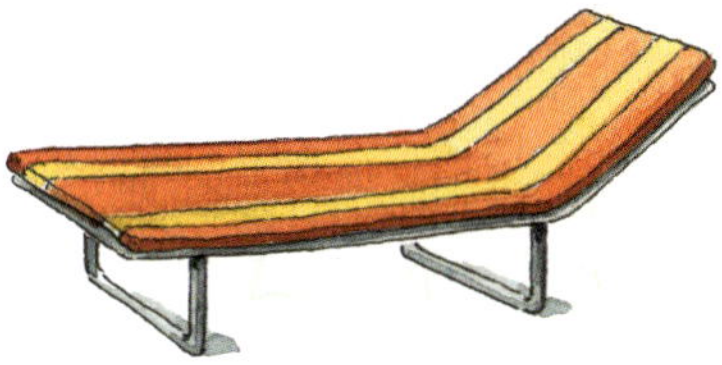

....

b) 

....

c) 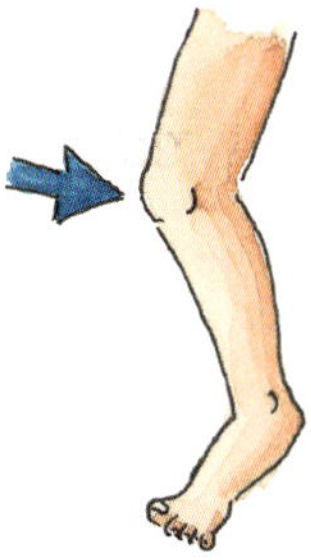

....

d) 

....

8 B ODER P? D ODER T?

Die Mitlaute (Konsonanten) **b / p** und **d / t** klingen ähnlich. Vor allem am Wortende kannst du manchmal nicht hören, wie du schreiben musst.

> **Wichtig:** Verlängere das Wort. Suche dafür nach verwandten Wörtern in seiner Wortfamilie.
>
> **Beispiel:** Wal**d** ➜ Wäl**d**er, üb**t** ➜ ü**b**en, lie**b** ➜ Lie**b**e

Übung 1

d oder **t**? Verlängere zuerst das Wort und setze dann richtig ein.

a) Wal d ____ Wälder

b) Bil____ ________________

c) Nach____ ________________

d) No____ ________________

e) Klei____ ________________

f) Ra____ ________________

Übung 2

b oder **p**? Setze die Silben zusammen und schreibe das Wort in die Tabelle.
Bilde dann die Einzahl.

~~Die~~ – Stä – Grä –
Sie – Hie – Trie

~~be~~ – be – be –
be – ber – be

Einzahl	Mehrzahl
	Diebe

Übung 3

Suche aus der Wortschlange 4 Namenwörter mit **d** und 4 Namenwörter mit **t**. Schreibe sie mit ihrem Begleiter auf die Zeile.

~~HUT~~ZHIPFADHLOLEIDFGWORT
LOKRAUTJUHANDNKITATFRSCHILD

der Hut

9 GROSSSCHREIBUNG

Groß schreibt man immer **Satzanfänge** und **Namenwörter** (Nomen). Namenwörter erkennst du daran, dass du einen Begleiter (Artikel) vor sie setzen kannst. Begleiter sind die Wörtchen **der**, **die**, **das**, **ein** und **eine**.

Beispiel: **M**eine **M**ama hat gestern beim **B**äcker **B**rot gekauft.

Wichtig: Manchmal sind die Begleiter (Artikel) auch versteckt.

Beispiel: **im** Haus ➜ in dem Haus, **beim** Bäcker ➜ bei dem Bäcker,
am Baum ➜ an dem Baum, **ins** Wasser ➜ in das Wasser,
zum Baden ➜ zu dem Baden

Übung 1

Setze die Namenwörter richtig ein.

~~Streich~~ – ~~Lehrer~~ – ~~Schrei~~ – ~~Pause~~ – ~~Schrank~~ – ~~Tischen~~ – ~~Schule~~ – ~~Vorhang~~ – ~~Klassenzimmer~~ – ~~Lehrer~~ – ~~Schüler~~ – Verstecken

Gestern war es in der Schule richtig lustig. Nach der großen Pause haben wir dem Lehrer einen Streich gespielt. Wir sind ins Klassenzimmer gegangen und haben uns alle versteckt.

Manche saßen im Schrank, andere versteckten sich hinter dem Vorhang oder unter den Tischen.
Da kam unser Lehrers herein. Er hat gerufen: „Nanu, wo sind denn meine Schüler?“ Dann sind wir alle mit einem lauten Schrei aus unseren Tischen hervorgekommen. War der aber erschrocken!

Übung 2

Finde alle versteckten Begleiter und unterstreiche sie.

a) Zum Essen trinke ich gerne Apfelsaft. zu dem Essen

b) Niemand darf mich beim Lesen stören. beim Lesen

c) Ich halte mich nicht gerne im Haus auf, lieber gehe ich ins Freie.
im Haus ins Freie

d) Heute hängt ein Schild am Gartenzaun. am Gartenzaun

e) Leider ist es noch zu kalt zum Baden. zum Baden

TEST

Meine Punkte in diesem Test: ☐

Hier kannst du nun dein Wissen testen. Die richtigen Antworten und die Punkteverteilung findest du auf den Lösungsseiten (S. 64).

Aufgabe 1

Bei **Aufgabe 1** habe ich ☐ von 3 Punkten.

Zerlege die folgenden Wörter in Silben und schreibe sie jeweils mit Trennstrichen auf.

a) Jacke ....

b) Hose ....

c) Strümpfe ....

Aufgabe 2

Bei **Aufgabe 2** habe ich ☐ von 2 Punkten.

Gesucht sind Wörter mit Dehnungs-h. Schreibe sie richtig auf.

a)

....

b)

....

Aufgabe 3

Bei **Aufgabe 3** habe ich ☐ von 2 Punkten.

Hier sind Wörter mit Doppelmitlaut gesucht. Finde sie heraus und schreibe sie auf.

a) 

b) 

....

Aufgabe 4

Bei **Aufgabe 4** habe ich ☐ von 4 Punkten.

k oder **ck**? **z** oder **tz**? Setze ein.

a) die Brü......e

b) win......en

c) der Kran......

d) der Scha......

Aufgabe 5

Bei **Aufgabe 5** habe ich ☐ von 4 Punkten.

b oder **p**? **d** oder **t**? Setze ein.

a) wil......

b) das Bro......

c) lie......

d) der Sta......

1 SATZARTEN

Es gibt verschiedene Satzarten:

- **Aussagesatz**
  Den Aussagesatz verwendet man, wenn man etwas erzählen möchte. Am Ende eines Aussagesatzes steht ein Punkt.

  Beispiel: Ich bin Jule. Mir geht es gut.

- **Fragesatz**
  Wenn man etwas wissen möchte, stellt man eine Frage. Am Ende dieses Fragesatzes steht ein Fragezeichen.

  Beispiel: Was machst du heute Nachmittag?

- **Aufforderungssatz/Ausrufesatz**
  Mit dem Aufforderungssatz fordert man jemanden auf, etwas zu tun. Am Ende der Aufforderung steht ein Ausrufezeichen. Den Ausrufesatz benutzt man zum Beispiel, wenn man etwas vor Freude oder Schreck ausruft. Am Satzende steht auch ein Ausrufezeichen.

  Beispiel: Komm hierher!
  Oh, wie schön!
  Hast du mich aber erschreckt!

Übung 1

Bilde mit den vorgegebenen Wörtern jeweils einen Fragesatz und einen Aussagesatz.

a) Glas – Wasser – Mädchen

Fragesatz: Gibst du dem Mädchen ein Glas Wasser?

Aussagesatz: Ich gebe dem Mädchen ein Glas Wasser.

b) morgen – Sonne

Fragesatz: Scheint morgen die Sonne?

Aussagesatz: Morgen scheint die Sonne.

c) Oma – heute – Mittagessen

Fragesatz: Vorbereitet Oma heute den Mittagessen?

Aussagesatz: Heute vorbereitet Oma den Mittagessen.

d) Stift – grün

Fragesatz: Kanst du mir ein grünen Stift geben?

Aussagesatz: Ich gebe dir einen grünen Stift.

Übung 2

Schreibe den Text ab. Ergänze die Großschreibung am Satzanfang und setze die richtigen Satzschlusszeichen.

schnell stehe ich auf und ziehe den Rollladen nach oben was für ein schönes Wetter die Sonne scheint, die Vögel zwitschern das wird ein toller Tag werden was wir heute wohl unternehmen ich gehe ins Bad und putze meine Zähne dann springe ich die Treppe hinunter meine Eltern sitzen schon am Frühstückstisch nachdem ich mein Müsli gegessen habe, frage ich: „Was machen wir heute“ da klingelt es und mein Freund Roland steht mit Fahrrad und Fußball vor der Tür klar, das machen wir heute ich rufe nur noch: „Tschüss, ich bin zum Mittagessen zurück “ und schon sitze ich auf meinem Rad

2 SATZGLIEDER

Jeder Satz lässt sich in mehrere Teile zerlegen. Diese Bestandteile nennt man **Satzglieder**. Sie können aus einem Wort oder aus einer Wortgruppe bestehen. Um die Satzglieder herauszufinden, stellst du die Sätze einfach um und machst die **Umstellprobe**. Beim Umstellen siehst du, welche Wörter immer unverändert zusammenbleiben. Diese bilden dann ein Satzglied.

Beispiel: Jule geht später nach Hause.

1. Umstellung: Später/geht/Jule/nach Hause.
2. Umstellung: Nach Hause/geht/Jule/später.
3. Umstellung: Geht/Jule/später/nach Hause?

Die Satzglieder sind also: „Jule“, „geht“, „später“, „nach Hause“

Übung 1

Stelle jeden Satz zweimal um. Kennzeichne dann die Satzglieder, indem du sie durch Schrägstriche trennst.

a) Johannes/kauft/ein Eis. Ein Eis kauft Johannes.
Kauft ....

b) Lisa macht einen Witz. ....
....

c) Der Lehrer verbessert die Aufgaben. ....
....

Sprache untersuchen

Eine andere Möglichkeit, Satzglieder in einem Satz herauszufinden, ist die **Ersatzprobe**. Dazu ersetzt du einfach ein Wort (eine Wortgruppe) durch ein passendes anderes Wort (Wortgruppe). Was sich ersetzen lässt, ist ein Satzglied.

Beispiel: Jule schreibt einen Brief.

1. Ersatzprobe: „Jule“ durch „Suri“ ersetzen
Suri schreibt einen Brief.
➜ Satzglied 1: „Jule“

2. Ersatzprobe: „schreibt“ durch „liest“ ersetzen:
Jule liest einen Brief.
➜ Satzglied 2: „schreibt“

3. Ersatzprobe: „einen Brief“ durch „eine Postkarte“ ersetzen:
Suri schreibt eine Postkarte.
➜ Satzglied 3: „einen Brief“

Übung 2

Ersetze jeweils das unterstrichene Satzglied durch ein anderes passendes.

a) Papa trägt eine Jacke. ....

b) Heike spielt Fußball. ....

c) Tanja kocht das Mittagessen. ....

d) Mein Bruder und ich gehen zum Baden. ....

....

Jedes Satzglied hat eine besondere Aufgabe.
Der **Satzgegenstand** sagt uns, wer etwas tut.
Man kann ihn mit „**Wer?**“ oder „**Was?**“ erfragen.

Beispiel: Die Katze springt.
Frage: **Wer oder was** springt?
Antwort: Die Katze ➜ Satzgegenstand: „Die Katze“

Übung 3

Frage nach dem **Satzgegenstand**. Unterstreiche ihn dann blau.

a) Die Kuh gibt Milch.

Frage: Wer oder was ....

Antwort/Satzgegenstand: ....

b) Der Löwe brüllt.

Frage: ....

Antwort/Satzgegenstand: ....

c) Die Maus flitzt durch das Haus.

Frage: ....

Antwort/Satzgegenstand: ....

Die **Satzaussage** erzählt uns, was jemand tut oder was geschieht. Man erfragt sie mit **„Was tut jemand?“** oder **„Was geschieht?“**.

Beispiel: Der Vogel pfeift.
Frage: **Was tut** der Vogel?
Antwort: Er pfeift.
➜ Satzaussage: „pfeift“

Übung 4

Finde die **Satzaussage** mit der richtigen Frage heraus und unterstreiche sie rot.

a) Jochen hört Musik.

Frage: ....

Antwort: ....

b) Papa putzt die Wohnung.

Frage: ....

Antwort: ....

c) Der Wind pfeift um das Haus.

Frage: ....

Antwort: ....

3 WORTARTEN

Jedes Wort gehört zu einer bestimmten Wortart.
Wichtige Wortarten sind **Namenwörter** (Nomen), **Tunwörter** (Verben), **Wiewörter** (Adjektive) und **Fürwörter** (Pronomen).

Namenwörter

- schreibt man **groß**.
- haben einen **Begleiter**.
- kann man meist in die **Einzahl** oder in die **Mehrzahl** setzen.

Beispiel: **Hund** (Namenwort)
der Hund (Namenwort mit Begleiter)
der Hund – die Hunde (Namenwort in Einzahl und Mehrzahl)

Übung 1

Schreibe das gesuchte Namenwort in der Einzahl und in der Mehrzahl.

a)
das Heft
die

b)

c)

d)

Tunwörter

- schreibt man **klein**.
- können in der **Grundform** oder in der **Personalform** stehen.
- können in verschiedenen **Zeiten** stehen. Sie sagen uns, **wann** etwas geschieht.

Beispiel: **malen** (Tunwort in der Grundform)
er **malt** (Tunwort in der Personalform)
Es **regnet** gerade. (Tunwort in der Gegenwart)
Gestern **regnete** es. (Tunwort in der Vergangenheit)

Übung 2

Suche aus der Wörterschlange alle Tunwörter heraus und schreibe sie in der Grundform und in einer Personalform auf.

~~SPIELEN~~SONNEMONDROLLENSTUHL
SITZENWASCHENLAMPE

spielen, ich spiele

Wiewörter (Adjektive)

- beschreiben, **wie** Lebewesen und Dinge sind.
- schreibt man **klein**.
- **verändern ihre Form,** wenn sie bei einem Namenwort stehen.
- kann man **steigern**.

Beispiel: **nett** (Wiewort)
die **nette** Lehrerin (Wiewort mit Namenwort)
nett – netter – am nettesten (Wiewort gesteigert)

Übung 3

Setze richtig zusammen. Schreibe das Namenwort mit Begleiter und dem Wiewort auf.

a)  blau die blaue Jacke

b)  lecker ....

c)  riesig ....

d)  langsam ....

Persönliche Fürwörter (Personalpronomen)

- heißen: **ich, du, er, sie, es, wir, ihr, sie**.
- stehen als **Stellvertreter** für Nomen.
- werden **klein** geschrieben.

Beispiel: Mein Vater arbeitet im Garten.
Er arbeitet im Garten. ➜ „**Er**“ ist Stellvertreter für „**mein Vater**“.

Übung 4

Verbinde die Namenwörter mit ihrem jeweiligen Personalpronomen.

er   sie   es

das Haus

der Strand

die Schule

der Igel

die Farbe

die Sonne

das Mädchen

das Buch

das Wetter

die Schokolade

TEST

Meine Punkte in diesem Test: ☐

Hier kannst du nun dein Wissen testen. Die richtigen Antworten und die Punkteverteilung findest du auf den Lösungsseiten (S. 66).

Aufgabe 1

Bei **Aufgabe 1** habe ich ☐ von 3 Punkten.

Setze die fehlenden Satzzeichen.

a) Komm sofort von dem Baum herunter.....

b) Wie geht es dir.....

c) Ich esse gerne Nudeln.....

Aufgabe 2

Bei **Aufgabe 2** habe ich ☐ von 4 Punkten.

Stelle jeden Satz zweimal um. Kennzeichne dann die einzelnen Satzglieder, indem du sie durch Schrägstriche trennst.

a) Morgen fahren wir in den Urlaub.

....

....

b) Mein Opa löst jeden Tag Rätsel.

....

....

Aufgabe 3

Bei **Aufgabe 3** habe ich ☐ von 5 Punkten.

Unterstreiche in dem Text den Satzgegenstand mit blauer Farbe und die Satzaussage mit roter Farbe.

Marco geht heute mit seiner Oma in den Zoo. Zuerst bewundern sie die Giraffen mit den langen Hälsen. Danach zieht Marco seine Oma zum Löwengehege. Ein kleines Löwenbaby spielt gerade mit seinem schläfrigen Löwenpapa. Zum Schluss möchte Marcos Oma unbedingt noch die lustigen Pinguine beobachten.

Aufgabe 4

Bei **Aufgabe 4** habe ich ☐ von 3 Punkten.

Suche aus dem Text von Aufgabe 3 jeweils 3 Namenwörter, 3 Tunwörter und 3 Wiewörter und trage sie in die Tabelle ein.

Namenwort mit Artikel	Tunwort	Wiewort
die Oma	geht	langen

1 NACH VORGABEN ERZÄHLEN

Textanfang weitererzählen
Bei manchen Aufgaben ist der Anfang der Geschichte schon geschrieben, und du sollst die Geschichte weitererzählen.
Beachte dabei Folgendes:

- Lies den Textanfang gut durch und überlege, wovon er handelt.
- Werden Personen oder Orte genannt, müssen diese in die weitere Geschichte eingebaut werden.
- Achte auf den richtigen Aufbau: Einleitung, Hauptteil, Schluss.
- Finde eine treffende Überschrift.

Übung 1

Verbinde jeden Textausschnitt mit dem passenden Begriff im Rahmen.

Überschrift	Plötzlich gab es einen lauten Knall. Timmi erschrak sehr und lief zu Barbara …
Einleitung	Ein spannender Nachmittag
Hauptteil	Nun machte Barbaras Mutter für alle einen leckeren heißen Kakao. Während sie ihn gemütlich schlürften, sagte Lukas: „Das war wirklich ein spannender Nachmittag.“
Schluss	Nach der Schule trafen sich Timo, Timmi und Lukas bei Barbara zum Spielen …

Übung 2

Lies den Textanfang durch und beantworte die Fragen.

Es war ein wunderschöner Sommertag. Ich lag in unserem Garten und träumte vor mich hin. Heute war der erste Ferientag, und die ganzen langen Sommerferien lagen noch vor mir. Ich überlegte, was ich in den kommenden Tagen alles unternehmen würde. Plötzlich wurde es dunkel. Da stand mir doch direkt jemand vor der Sonne! Ich öffnete die Augen, blinzelte und sah …

Ort: ....

Personen: ....

Wer steht vor der Hauptperson? ....

Wie geht die Geschichte weiter? ....

....

....

....

....

....

....

Reizwortgeschichte
Reizwörter sind vorgegebene Wörter, die du alle in deiner Geschichte verwenden musst. Beachte dabei Folgendes:

- Benutze die Reizwörter nicht kurz nacheinander, sondern verteile sie über die ganze Erzählung.
- Beachte den Aufbau: Einleitung, Hauptteil mit Höhepunkt, Schluss.
- Erzähle eine lustige oder spannende Geschichte mit möglichst abwechslungsreichen Wörtern und wörtlicher Rede.
- Am besten schreibst du zu Beginn auf, was dir alles zu den vorgegebenen Wörtern einfällt. Daraus kannst du dann eine Geschichte entwickeln.

Übung 3

Schreibe zu den folgenden Reizwörtern spontan auf, was dir einfällt. Die Fragen helfen dir dabei.

Schullandheim	Klassenlehrer	Streich

Wo: ....

Wer: ....

Wann: ....

Warum: ....

....

Was genau ist passiert? ....

....

....

....

....

Wie ging es aus? ....

....

....

....

....

....

....

Bildergeschichte
Dabei kannst du zu einer Reihe von Bildern eine passende Geschichte erzählen. Beachte hier Folgendes:

- Sieh dir die Bilder genau an. Beachte auch Kleinigkeiten wie Gegenstände oder Gesichtsausdrücke der Personen oder Tiere.
- Erfinde zum ersten Bild eine Einleitung.
- Schreibe dann zu jedem Bild einige Sätze. Verwende abwechslungsreiche Wörter und lass die Personen sprechen.
- Oft passiert im letzten Bild etwas Unerwartetes. Dies ist dann der Höhepunkt deiner Geschichte.

2 AN ANDERE SCHREIBEN

Manchmal wollen wir Freunden oder Verwandten, die nicht in unserer Nähe sind, etwas mitteilen. Wir können sie anrufen, oder wir schreiben ihnen:

- **eine Postkarte**
  Das machen wir oft, wenn wir im Urlaub sind. Auf der Rückseite der Karte ist nicht viel Platz. Deshalb schreiben wir nur ganz kurz, wie es uns geht und was wir schon im Urlaub erlebt haben.
- **einen Brief**
  Briefe schreiben wir meist auf Briefpapier. Hier ist schon mehr Platz, und wir können ausführlicher berichten. Briefe beginnen immer mit der Anrede („Lieber Suri …") und enden mit Grüßen des Schreibenden („Viele Grüße von Jule"). Derjenige, der den Brief bekommt, ist der **Empfänger**. Der Schreiber des Briefes ist der **Absender**.

Übung 1

Du bist in Spanien im Urlaub. Schreibe eine Karte an deine Großeltern. Verwende dabei die Stichworte, die unterhalb der Karte angeordnet sind.

Wetter Hotel Ausflug Meer

Übung 2

Damit Karten und Briefe ankommen, muss die richtige Adresse daraufgeschrieben sein. Adressiere einen Brief an dich, indem du deine eigene Adresse auf den Umschlag schreibst.

Wenn wir Freunde oder Verwandte zu einer Feier einladen wollen, ist es schön, eine **Einladung** zu schreiben. Sie sollte unbedingt folgende Informationen enthalten:

- Was wird gefeiert?
- Wann wird gefeiert?
- Wo wird gefeiert?

Man kann außerdem noch dazuschreiben:

- ob man etwas mitbringen soll.
- was es zu essen gibt.
- welches Programm die Gäste erwartet.

Übung 3

Schreibe eine Einladung zu deiner Geburtstagsfeier.

Liebe ...., ich möchte

dich gerne zu meiner Geburtstagsfeier einladen.

Sie findet statt am Samstag, den ....

um .... Uhr bei mir zu Hause (Straße: ....

..............................). Das solltest du mitbringen:

.... Es wird jede

Menge geboten: ....

Bitte sag mir, ob du kommen kannst.

Ich würde mich sehr freuen. Dein ....

3 TEXTE ÜBERARBEITEN

Jeder Schriftsteller, der eine Geschichte schreibt, liest sie zum Schluss nochmals durch. Dabei überlegt er immer, wie er den Text noch besser machen kann. Er ersetzt Wörter, streicht Sätze oder stellt diese um.

Auch du solltest jeden Text, den du geschrieben hast, aufmerksam durchlesen und überarbeiten:

- Hast du alles in der richtigen Reihenfolge erklärt oder womöglich Wichtiges weggelassen?
- Ist deine Geschichte spannend geschrieben?
- Gibt es bestimmte Wörter, die oft wiederholt werden, zum Beispiel das Wort „sagen“ oder „gehen“?

Übung 1

In dem Text fehlen 2 Informationen, die der Leser benötigt, um die Geschichte besser verstehen zu können. Welche sind es? Schreibe sie auf.

Was für ein Schreck!

Jennys Mutter erlaubte uns, eine halbe Stunde alleine zu laufen. Wir rannten sofort in das Geschäft mit den tollen Ohrringen. Als ich an der Kasse stand, fand ich meinen Geldbeutel nicht mehr. „Jenny“, rief ich aufgeregt, „mein Geldbeutel wurde geklaut!“ Fast fing ich an zu weinen. Jenny nahm mich in den Arm und beruhigte mich: „Du hast ihn sicher nur verloren. Lass uns einfach den Weg nochmals zurückgehen.“ Wir liefen den Weg zurück, fanden den Geldbeutel aber nicht. Verzweifelt setzte ich mich mitten auf die Straße. Nun kullerten mir doch Tränen über das Gesicht. Ich hatte mein ganzes Taschengeld mitgenommen! Jenny setzte sich neben mich und suchte in ihrem Rucksack nach einem Taschentuch. Auf einmal lachte sie. „Wir sind so vergesslich! Du hast mir doch deinen Geldbeutel gegeben, weil du keine Tasche dabeihast!“, rief sie. „Hier ist er!“ Sie hielt meinen Geldbeutel hoch über ihren Kopf. Jennys Mutter lachte auch. „Wenn euer Kopf nicht angewachsen wäre, dann würdet ihr diesen auch noch vergessen!“, sagte sie.

____

____

Übung 2

Gestalte den Text abwechslungsreicher, indem du passende Wiewörter (Adjektive) einsetzt.

jungen langen langes rote goldene kleine
tapfere reich gedeckten knackigen gefräßigen

Im Märchenwald

Die sieben ____________ Geißlein tanzen mit dem ____________ Wolf. Rotkäppchen trägt eine ____________ Kappe, und Schneewittchen bietet ihr einen ____________ Apfel an. Pinocchio kratzt sich an seiner ____________ Nase, während der Froschkönig seine ____________ Krone putzt. Rapunzel lässt ihr ____________ Haar herunter, damit der ____________ Königssohn sie retten kann. Schneeweißchen sitzt mit Rosenrot am ____________ Tisch. Das ____________ Rumpelstilzchen leistet ihnen Gesellschaft. Wo sind wir hier nur?

Übung 3

Geschichten werden spannender, wenn die Sätze unterschiedlich beginnen. Hier siehst du mögliche Satzanfänge, bei denen die Buchstaben in der Mitte durcheinandergeraten sind. Schreibe die Wörter richtig auf.

a) Pötlzilch: ....

b) Jtezt: ....

c) Aschnlßieend: ....

d) Spteär: ....

e) Gelich: ....

f) Schielßlich: ....

g) Ednilch: ....

Übung 4

Die Bilder stellen Tunwörter dar, die zum Wortfeld „gehen“ gehören. Schreibe jeweils zwei treffende Tunwörter auf.

a)  ....

....

b)  ....

....

c)  ....

....

d)  ....

....

Übung 5

Geschichten werden viel lebendiger, wenn man wörtliche Rede verwendet. Was könnten die Kinder wohl jeweils sagen? Schreibe in die Sprechblasen.

4 RICHTIG ABSCHREIBEN

Diese Schritte können dir beim Abschreiben helfen:

- Lies den Text, den du abschreiben sollst, gut durch.
- Teile jeden Satz in Teilsätze ein. Diese kannst du durch Schrägstriche kennzeichnen. Sieh dir dann die Wortgruppe des Teilsatzes genau an.
- Schreibe nun die Wörter aus dem Gedächtnis auf.
- Vergleiche am Ende jedes geschriebene Wort mit der Vorlage. Streiche falsch geschriebene Wörter durch und schreibe sie neu.

Übung 1

Schreibe den Witz sauber und richtig ab. Vergleiche am Ende mit der Vorlage und verbessere deine Fehler.

Nils hat seine/Mathearbeit zurückbekommen.

Er geht nach Hause/und sagt zu seiner Mutter:

„Mama, ich habe eine gute/und eine schlechte Nachricht.

Welche möchtest du/zuerst hören?"

Seine Mama sagt:/„Die gute Nachricht."

Darauf Nils:/„Ich habe eine Eins in Mathe."

Seine Mutter freut sich.

„Und was ist nun/die schlechte Nachricht?",/will sie wissen.

„Ich habe einen Witz gemacht",/meint Nils zerknirscht.

TEST

Meine Punkte in diesem Test: ☐

Hier kannst du nun dein Wissen testen. Die richtigen Antworten und die Punkteverteilung findest du auf den Lösungsseiten (S. 69).

Aufgabe 1

Bei **Aufgabe 1** habe ich ☐ von 4 Punkten.

Schreibe zu den folgenden Bildern spontan auf, was dir einfällt.
Die Fragen helfen dir dabei.

Wo spielt die Erzählung? ....

Wann? ....

Wer sind die Hauptpersonen? ....

Was genau ist passiert? ....

....

....

....

Aufgabe 2

Bei **Aufgabe 2** habe ich ☐ von 7 Punkten.

Schreibe eine Einladung zu deinem Geburtstagsfest, bei dem du mit deinen Freunden eine Schatzsuche unternehmen willst.

Aufgabe 3

Bei **Aufgabe 3** habe ich ☐ von 4 Punkten.

Schreibe deinem Freund/deiner Freundin eine Postkarte aus den Ferien. Setze dann die Adresse des Empfängers ein.

1 VERSCHIEDENE TEXTSORTEN

Es gibt verschiedene Textsorten:

- **Sachtexte:** sollen den Leser über bestimmte Dinge informieren und sein Wissen vergrößern.
- **Märchen:** beginnen oft mit den Worten „Es war einmal …“. Hier treten Märchenwesen wie Riesen, Hexen und Zauberer auf. Die bekanntesten Märchen sind die Märchen der Gebrüder Grimm.
- **Sagen:** spielen in der Vergangenheit und finden an einem Ort statt, den es heute noch gibt. Man weiß nicht, ob sich das Erzählte wirklich so zugetragen hat oder ob es nur erfunden ist. Wie im Märchen passieren häufig auch in Sagen fantastische Dinge und Zauberwesen treten auf.
- **Fabeln:** sind meistens kurze Erzählungen, in der Tiere wie Menschen auftreten. Fabeln sollen uns immer eine Lebensweisheit vermitteln.

Übung 1

Worüber sollen Texte mit diesen Überschriften informieren?
Verbinde, was zusammenpasst.

„Vom Korn zum Brot“	Über das Verhalten von Jungen
„Typisch Jungs?“	Über die Krankheit Asthma
„Verkaufen als Beruf“	Über die Herstellung von Brot
„Nico leidet an Asthma“	Über den Beruf des Verkäufers

Übung 2

Welche Textsorte gehört zu welchem Text?
Markiere Textsorte und Textanfang in derselben Farbe.

❍ Die Dinosaurier lebten vor etwa 250 Millionen Jahren. Manche von ihnen waren riesengroß, ungefähr 3 bis 5 mal so groß wie ein Mensch. Es gab Dinosaurier, die sich nur von Pflanzen ernährten. Manche Dinosaurier waren aber Fleischfresser. Um überleben zu können, töteten sie andere Tiere mit ihren scharfen Krallen.

❍ Sage

❍ Es war einmal eine alte Geiß, die hatte sieben junge Geißlein. Sie hatte sie so lieb, wie eben eine Mutter ihre Kinder lieb hat. Eines Tages wollte sie in den Wald gehen und Futter holen. Da rief sie alle sieben herbei und sprach: „Liebe Kinder, ich muss hinaus in den Wald. Seid inzwischen brav, sperrt die Türe gut zu, und nehmt euch in Acht vor dem Wolf!" …

❍ Märchen

❍ Sachtext

❍ Ein Fuchs hatte einen Storch zu Gaste gebeten und setzte die leckersten Speisen vor, aber nur auf ganz flachen Schüsseln, aus denen der Storch mit seinem langen Schnabel nichts fressen konnte. Gierig fraß der Fuchs alles allein, obgleich er den Storch unaufhörlich bat, es sich doch schmecken zu lassen.

❍ Fabel

❍ Im Jahre 1284 ließ sich zu Hameln ein sonderbarer Mann sehen. Er trug einen Rock von vielfarbigem, buntem Tuch und gab sich für einen Rattenfänger aus …

2 TEXTE VERSTEHEN

Manche Texte sind schwierig zu verstehen. Hier sind ein paar Tricks, die dir sicher dabei helfen:

- Lies den Text mehrmals durch.
- Unterstreiche Wörter, die du nicht kennst. Schlage diese Wörter im Wörterbuch nach.
- Markiere nun die wichtigen Wörter (Schlüsselwörter) mit roter Farbe.

Übung 1

Lies den Sachtext aufmerksam durch und unterstreiche die wichtigsten Wörter rot.

Die lange Geschichte der Haustiere

Schon vor vielen tausend Jahren begannen die Menschen, wilde Tiere einzufangen und zu zähmen. Der Mensch benutzte diese Tiere als Arbeitstiere und ernährte sich von ihrer Milch und ihrem Fleisch. Die Felle und Häute der Tiere wurden zu Kleidung verarbeitet. Das älteste Haustier des Menschen ist der Hund. Er sollte die Menschen bewachen und mit ihnen auf die Jagd gehen.

Nach dem Hund wurden Schafe, Ziegen, Esel und Pferde gezähmt. Sie lieferten Nahrung und halfen bei der Arbeit.

Es wurden aber nicht nur Tiere gehalten, die den Menschen Nutzen brachten. Manche Tiere dienten dem Menschen einfach zur Freude. Dies waren zum Beispiel Katzen, Fische und Vögel.

Heute gelten auch Goldhamster, Kaninchen und Mäuse als Haustiere. Sogar Schlangen und Geckos haben manche Leute zu Hause.

Viele Menschen haben ein Haustier, damit sie sich nicht einsam fühlen oder weil sie sich für die besonderen Verhaltensweisen ihres Tieres interessieren.

Übung 2

Trage alle Tiere aus dem Text richtig in die Tabelle ein.

Tiere als Arbeitstiere	Tiere zur Freude der Menschen

TEST

Meine Punkte in diesem Test: ☐

Hier kannst du nun dein Wissen testen. Die richtigen Antworten und die Punkteverteilung findest du auf den Lösungsseiten (S. 71).

Aufgabe 1

Bei **Aufgabe 1** habe ich ☐ von 4 Punkten.

Setze richtig ein.

Märchen Fabel
Sagen Sachtexte

a) In .... treten Tiere wie Menschen auf. Sie wollen uns immer etwas beibringen.

b) .... informieren den Leser über bestimmte Dinge.

c) .... sind unterhaltsame Erzählungen, in denen es um Wunderbares und Zauberhaftes geht. Sie beginnen oft mit den Worten „Es war einmal …“.

d) .... wurden über Jahrhunderte mündlich überliefert. Man weiß nicht genau, ob sich das Ereignis so zugetragen hat oder nicht – oder ob vielleicht auch nur ein Teil davon wahr oder unwahr ist.

Aufgabe 2

Bei **Aufgabe 2** habe ich ☐ von 10 Punkten.

Lies den Text mehrmals langsam durch und markiere die Schlüsselwörter.

Der Esel – ein Haustier

Schon lange zählt der Esel zu den Haustieren. Er ist mit dem Pferd verwandt, doch anders als beim Pferd sind seine Hufe besonders an steinige Böden angepasst. Der Esel kann sicherer laufen als das Pferd, dafür aber nicht so schnell rennen. Deshalb werden Esel als Lasttiere verwendet. Diese Tiere sind bis heute sehr nützlich, um Lasten durch unwegsames Gelände, wie z. B. steile Gebirgspfade, zu transportieren. Auf einem Esel kann man auch reiten. Man kommt nur nicht so schnell vorwärts wie auf einem Pferd. Außerdem ist der Esel kleiner als das Pferd. Sein Fell hat eine graubraune Farbe und er hat lange Ohren. Der Esel ist ein sehr gutmütiges Tier. Aber er kann auch störrisch sein. Deshalb sagt man über einen Menschen, der sehr starrsinnig ist: „Er ist störrisch wie ein Esel."

Aufgabe 3

Bei **Aufgabe 3** habe ich ☐ von 2 Punkten.

2 Sätze sind richtig. Kreuze sie an.

- ☐ Esel sind größer als Pferde.
- ☐ Esel können schneller rennen als Pferde.
- ☐ Esel werden auch als Lasttiere verwendet.
- ☐ Esel können gut auf steinigem Boden laufen.
- ☐ Auf einem Esel kann man nicht reiten.

LÖSUNGEN

Richtig schreiben

1 WÖRTER TRENNEN

Übung 1 Seite 6

a) Kro/ko/dil
b) Mes/ser
c) Ta/pe/te
d) Tan/ne
e) Mar/me/la/de
f) Bär

Übung 2 Seite 7

a) Ap-fel, Apfel
b) Stra-ße, Straße
c) Kas-per, Kasper
d) Zi-tro-ne, Zitrone
e) Kat-ze, Katze
f) Schu-he, Schuhe

2 DOPPELTER MITLAUT

Übung 1 Seite 8

a) Affe
b) Stall/Stamm
c) Kette
d) Kasse/Kappe
e) Hammer
f) Kanne
g) Wasser
h) Schiff

Übung 2 Seite 9

W	A	N	N	E	D	H	Y	Q	M
G	Y	K	O	F	F	E	R	Ä	M
D	K	A	R	T	O	F	F	E	L
A	T	R	O	M	M	E	L	M	G
H	Ü	T	T	E	P	Q	T	A	R
K	R	H	M	D	V	G	A	T	I
A	U	K	I	S	S	E	N	T	F
M	D	Q	K	O	A	K	N	E	F
M	X	K	D	B	M	E	E	L	J
R	K	M	M	E	S	S	E	R	C

ff: Kartoffel, Koffer, Griff
mm: Trommel, Kamm
ss: Kissen, Messer
nn: Tanne, Wanne
tt: Matte, Hütte

3 K ODER CK? Z ODER TZ?

Übung 1 Seite 10

a) Haken
b) Glocke
c) Paket
d) Zucker
e) Sack
f) Bettlaken
g) Krake
h) Schnecke
i) Druck
j) Bäcker

Übung 2 Seite 11

a) Witz
b) Schatz
c) Katze
d) Mütze
e) Platz

Übung 3 Seite 11

a) der Kranz
b) die Socken
c) das Glück
d) der Blick oder der Blitz
e) parken
f) platzen
g) stark
h) welk
i) der Satz
j) die Grenze

4 WÖRTER MIT Ä ODER ÄU

Übung 1 Seite 12

a) saugen
b) der Baum
c) stark
d) braun
e) der Ball
f) die Kraft
g) das Haupt
h) die Last

Übung 2 Seite 13

a) er fährt/fahren
b) sie schläft/schlafen
c) ich kämme mich/der Kamm
d) er fällt/fallen
e) ich lese
f) du schälst/die Schale
g) sie zählt/die Zahl
h) er hebt

Übung 3 Seite 13

a) Käufer
b) Träume
c) Schläuche
d) Beule
e) Geräusch
f) Säue

5 WÖRTER MIT AA, EE, OO

Übung 1 Seite 14

a) Waage b) See
c) leer d) Haare
e) Schnee f) Beeren

Übung 2 Seite 15

a) der Zoo b) der Klee
c) der Tee d) das Beet/ das Boot
e) der Speer f) das Moos
g) der Teer h) das Boot/ das Beet

Übung 3 Seite 15

a) das Paar b) der Saal
c) das Heer d) die Beere
e) das Moos f) der Kaffee

Übung 4 Seite 15

a) Zoo: Zootier, Zoobesucher, Zoogehege, Zoofamilie
b) Tee: Teetasse, Teekanne, Teebeutel, Teeglas, Teegebäck, Teesorte, Pfefferminztee
c) Beere: Himbeere, Erdbeere, Beerensammler, Beerenmarmelade
d) See: Seefahrer, Übersee, Seevogel, Seegang, Seerose

6 WÖRTER MIT DEHNUNGS-H

Übung 1 Seite 16

hl: Fohlen, hohl, Kohle, Pfahl
hm: Rahmen, zähmen, Lehm, Ruhm
hn: ohne, Bahn, Sahne, Bühne
hr: sehr, fahren, Ehre, Verkehr

Übung 2 Seite 17

Kuh, Reh, Bahn, Stuhl, Schuhe, Hahn, zehn, Zahn

7 WÖRTER MIT IE

Übung 1 Seite 18

a) Wenn ich eine **Zwiebel** schäle, dann muss ich weinen.
b) Ich brauche viel **Papier** zum Malen.
c) Züge fahren auf **Schienen**.
d) Heute Nachmittag werden wir auf einer **Wiese** liegen.
e) Ob der Nikolaus meinen **Stiefel** füllt?

Übung 2 Seite 19

siegen	**frieren**
a) kriegen	a) verlieren
b) biegen	b) schmieren
c) liegen	c) kapieren
d) wiegen	d) verzieren

Übung 3 Seite 19

a) Liege b) Wiege
c) Knie d) Biene

8 B ODER P? D ODER T?

Übung 1 Seite 20

a) Wald → Wälder
b) Bild → Bilder
c) Nacht → Nächte
d) Not → Nöte
e) Kleid → Kleider
f) Rad → Räder

Übung 2 Seite 21

	Einzahl	Mehrzahl
a)	Dieb	Diebe
b)	Stab	Stäbe
c)	Grab	Gräber
d)	Sieb	Siebe
e)	Hieb	Hiebe
f)	Trieb	Triebe

Übung 3 Seite 21

der Hut, der Pfad, das Leid, das Wort, das Kraut, die Hand, die Tat, das Schild

9 GROSSSCHREIBUNG

Übung 1 Seite 22

Gestern war es in der Schule richtig lustig. Nach der großen Pause haben wir dem Lehrer einen Streich gespielt. Wir sind ins Klassenzimmer gegangen und haben uns alle versteckt. Manche saßen im Schrank, andere versteckten sich hinter dem Vorhang oder unter den Tischen. Da kam unser Lehrer herein. Er hat gerufen: „Nanu, wo sind denn meine Schüler?“ Dann sind wir alle mit einem lauten Schrei aus unseren Verstecken hervorgekommen. War der aber erschrocken!

Übung 2 Seite 23

a) Zum Essen trinke ich gerne Apfelsaft. (zu dem Essen)
b) Niemand darf mich beim Lesen stören. (bei dem Lesen)
c) Ich halte mich nicht gerne im Haus auf, lieber gehe ich ins Freie. (in dem Haus, in das Freie)
d) Heute hängt ein Schild am Gartenzaun. (an dem Gartenzaun)
e) Leider ist es noch zu kalt zum Baden. (zu dem Baden)

TEST

Höchstpunktzahl: **15 Punkte**

Aufgabe 1 Seite 24
Zähle für jedes richtige Wort **1 Punkt**.
a) Ja – cke
b) Ho – se
c) Strümp – fe

Aufgabe 2 Seite 24
Zähle für jedes richtige Wort **1 Punkt**.
a) Huhn b) Bahn

Aufgabe 3 Seite 25
Zähle für jedes richtige Wort **1 Punkt**.
a) Hütte b) Schwamm

Aufgabe 4 Seite 25
Zähle für jedes richtige Wort **1 Punkt**.
a) die Brücke b) winken
c) der Kranz d) der Schatz

Aufgabe 5 Seite 25
Zähle für jedes richtige Wort **1 Punkt**.
a) wild b) das Brot
c) lieb d) der Stab

Sprache untersuchen

1 SATZARTEN

Übung 1 Seite 27
b) Scheint morgen die Sonne?
Morgen scheint die Sonne.
c) Kommt Oma heute zum Mittagessen?
Oma kommt heute zum Mittagessen.
d) Kannst du mir den grünen Stift geben?
Ich gebe dir den grünen Stift.

Übung 2 Seite 28
Schnell stehe ich auf und ziehe den Rollladen nach oben. Was für ein schönes Wetter! Die Sonne scheint, die Vögel zwitschern. Das wird ein toller Tag werden. Was wir heute wohl unternehmen? Ich gehe ins Bad und putze meine Zähne. Dann springe ich die Treppe hinunter. Meine Eltern sitzen schon am Frühstückstisch. Nachdem ich mein Müsli gegessen habe, frage ich: „Was machen wir heute?“ Da klingelt es, und mein Freund Roland steht mit Fahrrad und Fußball vor der Tür. Klar, das machen wir heute! Ich rufe nur noch: „Tschüss, ich bin zum Mittagsessen zurück!“ Und schon sitze ich auf meinem Rad.

2 SATZGLIEDER

Übung 1 Seite 29

a) Kauft Johannes ein Eis?
b) Lisa/macht/einen Witz.
Einen Witz macht Lisa.
Macht Lisa einen Witz?
c) Der Lehrer/verbessert/die Aufgaben.
Die Aufgaben verbessert der Lehrer.
Verbessert der Lehrer die Aufgaben?

Übung 2 Seite 30

Lösungsbeispiel:
a) Mein Onkel trägt eine Jacke.
b) Heike spielt Tennis.
c) Tanja isst das Mittagessen.
d) Wir gehen zum Baden.

Übung 3 Seite 31

a) Die Kuh gibt Milch.
Frage: Wer oder was gibt Milch?
Antwort/Satzgegenstand: die Kuh.
b) Der Löwe brüllt.
Frage: Wer oder was brüllt?
Antwort/Satzgegenstand: der Löwe.
c) Die Maus flitzt durch das Haus.
Frage: Wer oder was flitzt durch das Haus?
Antwort/Satzgegenstand: die Maus.

Übung 4 Seite 32

a) Jochen hört Musik.
Frage: Was tut Jochen?
Antwort: er hört
Satzaussage: hört
b) Papa putzt die Wohnung.
Frage: Was tut Papa?
Antwort: er putzt
Satzaussage: putzt
c) Der Wind pfeift um das Haus.
Frage: Was tut der Wind?
Antwort: er pfeift
Satzaussage: pfeift

3 WORTARTEN

Übung 1 Seite 33

a) das Heft – die Hefte
b) die Jacke – die Jacken
c) die Kuh – die Kühe
d) der Mann – die Männer

Übung 2 Seite 34

spielen, ich spiele, rollen, du rollst, sitzen, sie sitzt, waschen, ihr wascht

Übung 3 Seite 35

b) der leckere Kuchen
c) das riesige Hochhaus
d) die langsame Schnecke

Übung 4 Seite 36

(links)	(rechts)
das Haus – es	die Sonne – sie
der Strand – er	das Mädchen – es
die Schule – sie	das Buch – es
der Igel – er	das Wetter – es
die Farbe – sie	die Schokolade – sie

TEST

Höchstpunktzahl: **15 Punkte**

Aufgabe 1 Seite 37

Zähle für jedes richtige Satzzeichen **1 Punkt**.

a) Komm sofort von dem Baum herunter!
b) Wie geht es dir?
c) Ich esse gerne Nudeln.

Aufgabe 2 Seite 37

Zähle für jede richtige Satzumstellung **1 Punkt**.

a) Morgen/fahren/ wir/in den Urlaub.
Wir/fahren/morgen/in den Urlaub.
In den Urlaub/fahren/wir/morgen.
Fahren/wir/morgen/in den Urlaub?
b) Mein Opa/löst/jeden Tag/Rätsel.
Jeden Tag/löst/mein Opa/Rätsel.
Rätsel/löst/mein Opa/jeden Tag.
Löst/mein Opa/jeden Tag/Rätsel?

Aufgabe 3 Seite 38

Zähle für jeden Satz mit richtig unterstrichenen Satzgliedern **1 Punkt**.
Satzgegenstand: blaue Wörter
Satzaussage: rote Wörter
Marco geht heute mit seiner Oma in den Zoo. Zuerst bewundern sie die Giraffen mit den langen Hälsen. Danach zieht Marco seine Oma zum Löwengehege. Ein kleines Löwenbaby spielt gerade mit seinem schläfrigen Löwenpapa. Zum Schluss möchte Marcos Oma unbedingt noch die lustigen Pinguine beobachten.

Aufgabe 4 Seite 38

Zähle für jede richtige Spalte **1 Punkt**.
Namenwort mit Artikel: die Oma, der Zoo, die Giraffen, die Hälse, das Löwengehege, das Löwenbaby, der Löwenpapa, der Schluss, die Pinguine
Tunwort: geht, bewundern, zieht, spielt, möchte, beobachten
Wiewort: langen, kleines, schläfrigen, lustigen

Texte schreiben

1 NACH VORGABEN ERZÄHLEN

Übung 1 Seite 39

Überschrift – Ein spannender Nachmittag

Einleitung – Nach der Schule trafen sich Timo, Timmi und Lukas bei Barbara zum Spielen …

Hauptteil – Plötzlich gab es einen lauten Knall. Timmi erschrak sehr und lief zu Barbara …

Schluss – Nun machte Barbaras Mutter für alle einen leckeren heißen Kakao. Während sie ihn gemütlich schlürften, sagte Lukas: „Das war wirklich ein spannender Nachmittag.“

Übung 2 Seite 40

Ort: im Garten
Personen: ich
Wer steht vor der Hauptperson?
Ein Freund/eine Freundin, Eltern, Geschwister …
Wie könnte es weitergehen? Die Hauptpersonen erleben einen spannenden Nachmittag, zum Beispiel entdecken sie eine geheime Höhle oder einen entlaufenen Hund …

Übung 3 Seite 41

Hier sind verschiedene Lösungen möglich, zum Beispiel:
Wo? Im Schullandheim
Wer? Eine 3. Klasse, Hauptpersonen: zwei Jungen und zwei Mädchen
Wann? Am Abend
Warum? Die Kinder wollten ihrem Lehrer einen lustigen Streich spielen.
Was genau ist passiert? Bei einer Wanderung konnten die Hauptpersonen an einem Teich einen Frosch fangen und mit ins Schullandheim nehmen. Am Abend gelang es den Kindern, diesen Frosch unbemerkt ins Zimmer des Lehrers hüpfen zu lassen. Der Lehrer erschrak zunächst.
Dann aber hatte er eine gute Idee …
Wie ging es aus? Am Ende unternahmen alle gemeinsam eine Nachtwanderung, um noch mehr über Frösche zu lernen.

2 AN ANDERE SCHREIBEN

Übung 1 Seite 43

Lösungsbeispiel: Liebe Oma, lieber Opa, das Wetter hier ist richtig toll, unser Hotel auch. Wir haben schon zwei Ausflüge gemacht. Jeden Tag baden wir im Meer. Viele Grüße von Jule

Übung 2 Seite 44

Hier sollte deine eigene Adresse stehen. Wenn du dir nicht sicher bist, ob du es richtig gemacht hast, dann fragst du am besten deine Mama oder deinen Papa.

Übung 3 Seite 45

Lösungsbeispiel: Liebe Martina,
ich möchte dich gerne zu meiner Geburtstagsfeier einladen. Sie findet statt am Samstag, den 1. April, um 15 Uhr bei mir zu Hause (Straße: Blümchenweg).
Das solltest du mitbringen: gute Laune, Badezeug. Es wird jede Menge geboten: lustige Spiele und prima Essen.
Bitte sag mir, ob du kommen kannst. Ich würde mich sehr freuen.
Dein Stefan

3 TEXTE ÜBERARBEITEN

Übung 1 Seite 46

Es fehlt die Einleitung. Der Leser weiß nicht, wo und aus welchem Anlass die Mädchen einkaufen gehen. Außerdem erfährt er nicht, wo Jennys Mutter so plötzlich herkommt.

Übung 2 Seite 47

Im Märchenwald
Die sieben jungen Geißlein tanzen mit dem gefräßigen Wolf. Rotkäppchen trägt eine rote Kappe und Schneewittchen bietet ihr einen knackigen Apfel an. Pinocchio kratzt sich an seiner langen Nase, während der Froschkönig seine goldene Krone putzt. Rapunzel lässt ihr langes Haar herunter, damit der tapfere Königssohn sie retten kann. Schneeweißchen sitzt mit Rosenrot am gedeckten Tisch. Das kleine Rumpelstilzchen leistet ihnen Gesellschaft. Wo sind wir hier nur?

Übung 3 Seite 48

a) Plötzlich
b) Jetzt
c) Anschließend
d) Später
e) Gleich
f) Schließlich
g) Endlich

Übung 4 Seite 48

a) rennen, laufen, sausen, flitzen
b) wandern, spazieren
c) schleichen, schlendern
d) springen, hüpfen

Übung 5 Seite 49

Lösungsbeispiel:
a) „Ich finde mich sehr hübsch!“
b) „Spielst du mit Fußball?“
c) „Das verstehe ich einfach nicht!“
d) „Mmmh, lecker!“

4 RICHTIG ABSCHREIBEN

Übung 1 Seite 50
Kontrolliere diese Übung selbst.
Sieh Wort für Wort nach, ob du richtig abgeschrieben hast.

TEST

Höchstpunktzahl: **15 Punkte**

Aufgabe 1 Seite 52
Zähle für jede beantwortete Frage **1 Punkt**.
Lösungsbeispiel:
a) Wo? Zu Hause
b) Wann? Nachts
c) Wer sind die Hauptpersonen? Geschwister, ein Junge und ein Mädchen
d) Was genau ist passiert? Die Geschwister sind alleine zu Hause, der Junge will, als Gespenst verkleidet, seine Schwester erschrecken und zieht sich ein Betttuch über den Kopf. Als er aus seinem Zimmer in das Zimmer der Schwester gehen will, begegnet ihm ein Gespenst. Er erschrickt und rennt in sein Zimmer zurück. Dort ruft er nach seiner Schwester. Diese kommt mit einem Betttuch über ihrem Arm. Sie war das Gespenst und wollte ihren Bruder erschrecken.

Aufgabe 2 Seite 53
Zähle für jede Information **1 Punkt**.
Lösungsbeispiel:
a) Anrede? Liebe/lieber…
b) Wozu wird eingeladen? Geburtstagsfest
c) Wann? Datum
d) Wo? Ort der Feier
e) Programm? Schatzsuche
f) Mitbringen? Kompass, Regenzeug
g) Abschiedsgruß? Viele Grüße dein(e)…

Aufgabe 3 Seite 53
Zähle für jeden richtigen Adressteil **1 Punkt**.
a) Herr oder Frau
b) Vor- und Nachname deiner Freundin/deines Freundes
c) Straße und Hausnummer deiner Freundin/deines Freundes
d) Postleitzahl und Ort deiner Freundin/deines Freundes

Lesen

1 VERSCHIEDENE TEXTSORTEN

Übung 1 Seite 54

„Vom Korn zum Brot“ –
Über die Herstellung von Brot
„Typisch Jungs?“ –
Über das Verhalten von Jungen
„Verkaufen als Beruf“ –
Über den Beruf des Verkäufers
„Nico leidet an Asthma“ –
Über die Krankheit Asthma

Übung 2 Seite 55

Fabel	Ein Fuchs hatte einen Storch …
Sage	Im Jahre 1284 ließ sich zu Hameln …
Märchen	Es war einmal eine alte Geiß, die hatte …
Sachtext	Die Dinosaurier lebten vor etwa 250 Millionen Jahren …

2 TEXTE VERSTEHEN

Übung 1 Seite 56

Diese Wörter könntest du unterstrichen haben:
– vor vielen tausenden Jahren – wilde Tiere – zähmen – Arbeitstiere – ernährte sich – Haustier – Hund – bewachen – Jagd – Schafe, Ziegen, Esel, Pferde – Nahrung – halfen bei der Arbeit – Freude – Katzen, Fische, Vögel – nicht einsam – für Verhaltensweisen interessieren

Übung 2 Seite 57

Tiere als Arbeitstiere:
Hund, Schaf, Ziege, Esel, Pferd
Tiere zur Freude der Menschen:
Hund, Katze, Fisch, Vogel, Goldhamster, Kaninchen, Maus, Schlange, Gecko

TEST

Höchstpunktzahl: **16 Punkte**

Aufgabe 1 Seite 58

Zähle für jedes richtig eingesetzte Wort **1 Punkt**.

a) In Fabeln treten Tiere wie Menschen auf. Sie wollen uns immer etwas beibringen.

b) Sachtexte informieren den Leser über bestimmte Dinge.

c) Märchen sind unterhaltsame Erzählungen, in denen es um Wunderbares und Zauberhaftes geht. Sie beginnen oft mit den Worten „Es war einmal ...“.

d) Sagen wurden über Jahrhunderte mündlich überliefert. Man weiß nicht genau, ob sich das Ereignis so zugetragen hat oder nicht – oder ob vielleicht auch nur ein Teil davon wahr oder unwahr ist.

Aufgabe 2 Seite 59

Zähle für jedes Schlüsselwort (oder Schlüsselwortgruppe) **1 Punkt**.

Diese Wörter (Wortgruppen) könntest du unterstrichen haben:

- Haustier
- mit dem Pferd verwandt
- Hufe an steinige Böden angepasst
- Lasttier
- reiten
- kleiner als das Pferd
- graubraune Farbe
- lange Ohren
- gutmütiges Tier
- störrisch

Aufgabe 3 Seite 59

Zähle für jeden richtig angekreuzten Satz **1 Punkt**.

Diese Sätze sind richtig:

a) Esel werden auch als „Lasttiere“ verwendet.

b) Esel können gut auf steinigem Boden laufen.

Schülerhilfe®
Das Original. Seit 1974.

GUTE NOTEN IN

DEUTSCH

KLASSE 4

BIRGIT KÖLMEL

tandem.VERLAG
print line

1 GROSSSCHREIBUNG

Großgeschrieben werden immer alle:

- **Satzanfänge**

- **Nomen (Namenwörter)**
  Nomen erkennst du daran, dass man einen Artikel (Begleiter) vor sie setzen kann. Bestimmte Artikel: der, die, das unbestimmte Artikel: ein, eine.

  Beispiel: **M**orgen machen wir einen **A**usflug in den **W**ald.

- **Eigennamen**

  Beispiel: **M**aja, **L**uca und **S**imon spielen zusammen **M**onopoly.

- **Anredefürwörter für Personen, zu denen du „Sie“ sagst: Sie, Ihnen, Ihren, Ihrem** und **Ihr**.

  Beispiel: „Wie geht es **Ihrem** Mann?“

Übung 1

Setze die fehlenden Buchstaben ein. Beachte die richtige Großschreibung.

....eine Oma ist heute mal faul. ....ie hat sich vorgenommen, den ganzen ....ag nichts zu tun. ....chon heute ....orgen nach dem ....rühstück schnappte sie sich den ....iegestuhl. „....ch bin dann mal im ....arten“, rief sie – und weg war sie. ....m ....arten stellte sie ihren ....tuhl auf und döste erst mal in der ....onne. ....egen ....ittag schmierte sie sich ein ....rot und goss sich ....aft ein, dann legte sie sich mit dem ....ssen in ihren ....tuhl und aß gemütlich. ....ur ....bwechslung blätterte sie ab und zu in einer ....eitschrift. ....ls es dunkel wurde, kam sie wieder ins ....aus und rief: „Jetzt bin ich aber erholt!“

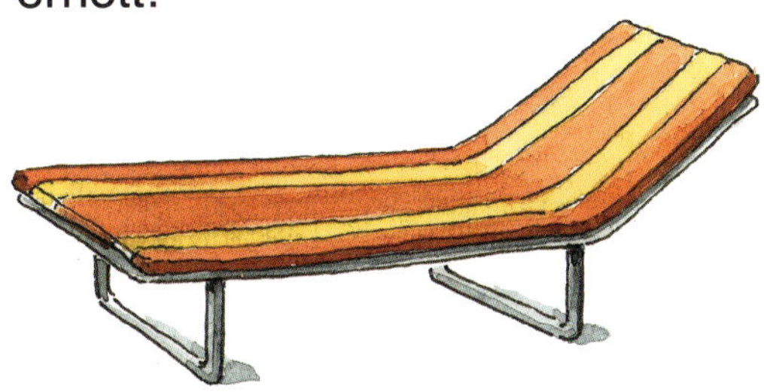

Übung 2

Setze die fehlenden Fürwörter für die höfliche Anrede ein.

Ihren   Ihnen   Ihrem   Sie   Ihre

a) „Wie geht es .... Mann?“

b) „Möchten .... lieber ein Kilogramm Äpfel oder Birnen?“, fragte der Verkäufer.

c) „Ich kann .... Bestellung leider erst morgen liefern.“

d) „Gerne würde ich .... beim Einkauf helfen“, bot der junge Mann der älteren Dame an.

e) „Ich hoffe, das Eis hat .... Schülern geschmeckt?“

2 NACHSILBEN VON NOMEN

Wörter mit den Nachsilben **-ung, -heit, -keit, -nis, -tum** oder **-schaft** sind Nomen (Namenwörter). Man schreibt sie deshalb immer groß.

Beispiel: die Zeit**ung**, die Wahr**heit**, die Heiter**keit**, das Geheim**nis**, der Reich**tum**, die Land**schaft**

Übung 1

Verbinde die passenden Wortteile miteinander. Schreibe dann die Nomen (Namenwörter) mit ihrem Artikel (Begleiter) auf die Zeile.

a) Krank	nis	....
b) Berat	schaft	....
c) Geheim	heit	....
d) Heiter	ung	....
e) Gesell	tum	....
f) Reich	keit	....

Übung 2

Trage die fehlenden Nachsilben ein.

a) die Tapfer..................

b) die Finster..................

c) die Gelegen..................

d) das Wachs..................

e) die Spann..................

f) die Eigen..................

Übung 3

Hier wurden die falschen Nachsilben benutzt! Streiche die Nachsilben weg und schreibe das Wort mit der richtigen Nachsilbe auf die Zeile.

a) die Zeit~~nis~~ die Zeitung

b) die Wiederholkeit ....

c) die Landheit ....

d) die Gesundkeit ....

e) die Schönschaft ....

f) die Verwandtheit ....

g) die Gemütlichung ....

3 WÖRTER MIT LANGEM I

Die meisten Wörter, in denen das i lang gesprochen wird, schreibt man mit **ie**.
Beispiel: Biene, wiegen, schief

Es gibt einige Wörter, in denen der **lange i-Laut** nur mit **i** geschrieben wird.
Dazu gehören Wörter mit der Endung **-in** und **-ine**.
Beispiel: Tiger, Termin, Maschine

Übung 1

Finde in dem Gitterrätsel 10 Nomen (Namenwörter) mit **i**. Umkreise sie und schreibe sie auf. Unterstreiche immer die Endung **-in** und **-ine**.

Ö	L	J	T	I	G	E	R	B	W	B
A	U	G	E	N	L	I	D	C	W	I
P	Ö	M	W	B	W	V	B	Ä	E	B
R	D	K	Ö	E	I	P	K	G	G	E
O	L	A	L	A	W	I	N	E	E	R
S	A	M	Y	M	N	W	H	Z	H	V
I	E	I	M	A	S	C	H	I	N	E
N	G	N	U	K	M	A	N	E	L	U
E	E	W	P	D	T	E	R	M	I	N
K	L	I	M	A	G	B	T	E	U	Q
X	S	S	Q	V	I	T	A	M	I	N

Übung 2

Setze die Silben zusammen und schreibe die Wörter unter die passenden Bilder.

Del - ne - Mu - ne - Ti - al - Ma - fin - ger - schi - sik - Li

a) ....

b) ....

c) ....

d) ....

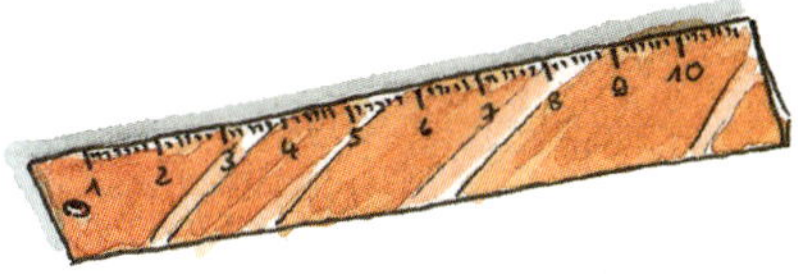

e) ....

Richtig schreiben

In einigen Verbformen wird der **lange i-Laut** mit **ieh** geschrieben. Hier kann dir ein Trick weiterhelfen: Um die richtige Schreibweise herauszufinden, kannst du die Grundform bilden. Dann hörst du besser, wie du schreiben musst.

Beispiel: er zieht ➜ Grundform: ziehen

Übung 3

Suche die Grundform und schreibe sie nach Silben getrennt auf.

a) sie sieht ....

b) es geschieht ....

c) du fliehst ....

d) ihr zieht ....

Übung 4

In der Wörterschlange findest du fünf Verben mit **ieh**. Schreibe jedes Verb ab und bilde einen Satz damit.

wsiehstschbefiehltnegeschiehtnuziehstnsefliehtep

a) siehst / Siehst du den Mond?

b) ....

c) ....

d) ....

e) ....

4 WÖRTER MIT AI

Es gibt nur wenige Wörter, die man mit **ai** schreibt. Diese muss man sich gut merken. Am besten, du lernst sie auswendig.

Beispiel: Hai, Kaiser, Mai

Wichtig: Hat einer in der Familie ai, hat die ganze Verwandtschaft ai.

Beispiel: Kaiser – kaiserlich, Kaiserpalast, Kaiserkrone

Übung 1

Bei den Wörtern wurden jeweils die letzten zwei Buchstaben vertauscht. Setze sie wieder richtig zusammen und schreibe sie mit ihrem Artikel (Begleiter) auf die Linie.

a) Kaisre: ....

b) Hia: ....

c) Brotlabi: ....

d) Mia: ....

e) Waies: ....

f) Masi: ....

g) Geigensaiet: ....

5 WÖRTER MIT DEHNUNGS-H

Nach einem **langen Vokal** (Selbstlaut) oder einem **langen Umlaut** (ä, ö, ü) steht oft ein **Dehnungs-h**. Dieses Dehnungs-h kannst du nicht hören.

Beispiel: Mühle, wohnen, sehr

Wichtig: Hat einer in der Familie ein Dehnungs-h, hat die ganze Verwandtschaft das Dehnungs-h.

Übung 1

Lies die Wörter langsam und deutlich.
Trenne dann nach Silben.

a) Rahmen Rah-men ....

b) Zähler ....

c) Fahne ....

d) bezahlen ....

e) Mühle ....

f) Fehler ....

Übung 2

Suche zu jedem Verb (Tunwort) zwei verwandte Nomen (Namenwörter).

a) nähen: die Nähmaschine ______________________

____

b) wählen: ______________________

c) fahren: ______________________

Wichtig: Die folgenden Pronomen (Fürwörter) mit **ih** musst du dir gut merken: **ihr**, **ihre**, **ihren**, **ihrem**, **ihn**, **ihnen**, **ihm**

Übung 3

Setze das passende Pronomen (Fürwort) ein.

ihre, ihrem, ihnen, ihm

Jule mag Suris lustige Einfälle und spielt gern mit ________ . Auch Suri freut sich immer sehr auf Jule und schätzt ________ klugen Ideen. Langweilig ist den beiden nie, denn ________ fällt immer etwas Neues ein. Manchmal leiht Jule ________ eine CD oder ein Buch aus. ________ letzte Indianergeschichte hat ________ am besten gefallen. Jule weiß deshalb auch schon, was sie ________ Freund zum Geburtstag schenken wird. Du auch?

TEST

Meine Punkte in diesem Test: ☐

Hier kannst du nun dein Wissen testen. Die richtigen Antworten und die Punkteverteilung findest du auf den Lösungsseiten (S. 130).

Aufgabe 1

Bei **Aufgabe 1** habe ich ☐ von 4 Punkten.

Finde in der Wörterschlange 4 Nomen (Namenwörter) und schreibe sie mit ihrem Artikel (Begleiter) auf.

ergebnisberatungeigentumlandschaft

Aufgabe 2

Bei **Aufgabe 2** habe ich ☐ von 4 Punkten.

Gesucht sind 4 Nomen (Namenwörter) mit **ai**. Erinnerst du dich?

ai

Aufgabe 3

Bei **Aufgabe 3** habe ich ☐ von 4 Punkten.

i oder **ie**? Setze richtig ein.

a) Sch......ne

b) Ros......ne

c) T......ger

d) Delf......n

Aufgabe 4

Bei **Aufgabe 4** habe ich ☐ von 4 Punkten.

Gesucht sind Wörter mit Dehnungs- h. Wenn du die Silben richtig zusammensetzt, kannst du das Rätsel lösen. Schreibe die Wörter auf.

Rah | ler | men | nung

be | Woh | zah | Feh | len

a) Oft ist ein Bild darin: ....

b) Dort wohnt man: ....

c) Jeder macht sie mal und man kann aus ihnen lernen: ....

d) Wenn man etwas kauft, muss man die Ware: ....

6 S, SS ODER ß?

Wird in einem Wort der Vokal (Selbstlaut) oder der Umlaut (ä, ö, ü) vor dem s-Laut **kurz** gesprochen, dann schreibt man meist **ss**.
Beispiel: Schloss, müssen, verhasst

Wird der Vokal (Selbstlaut) oder Umlaut (ä, ö, ü) vor dem s-Laut **lang** gesprochen und hörst du in allen verwandten Wortformen einen **zischenden s-Laut**, dann schreibt man meistens **ß**.
Beispiel: Fuß, grüßen, groß

Wird der Vokal (Selbstlaut) vor dem s-Laut **lang** gesprochen und hörst du in verwandten Wortformen einen weichen, **gesummten s-Laut**, dann schreibt man **s**.
Beispiel: Gras – Gräser – grasen

Wichtig: Hat einer in der Familie **s**, hat die ganze Verwandtschaft **s**.

Übung 1

Unterstreiche die Wörter aus einer Wortfamilie mit der gleichen Farbe und schreibe sie nebeneinander auf eine Linie.

Glas eisig lösen Eis verglast
Lösung gläsern vereist gelöst

Übung 2

Gesucht sind Wörter mit **ß**. Schreibe sie auf die Linie.

a) ....

b) ....

c) ....

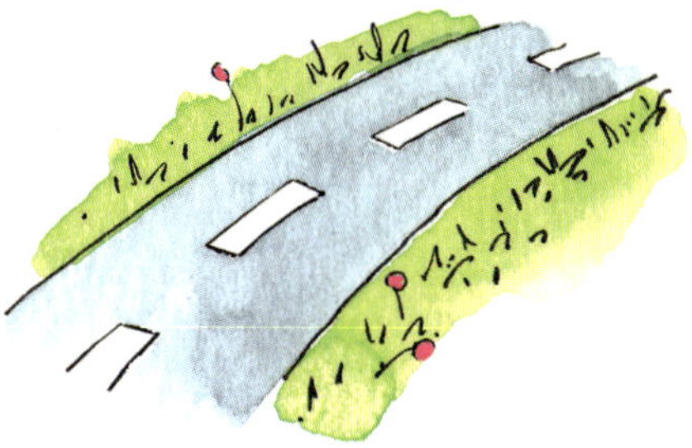

d) ....

Übung 3

ss oder **ß**? Sprich das Wort erst deutlich aus. Achte genau auf den Vokal (Selbstlaut) und auf den s-Laut. Was hörst du? Entscheide dann, wie du schreibst.

Vokal lang / kurz? S-Laut gesummt / gezischt?

a) der Fu...... b) der Schu...... c) die Fe......el

d) sto......en e) flie......en f) wi......en

7 G ODER K?

Die Konsonanten (Mitlaute) **g** und **k** klingen am Ende und in der Mitte eines Wortes gleich.

Beispiel: die Bur**g**, du lie**g**st, star**k**

Um die richtige Schreibweise herauszufinden, kannst du dir mit folgenden **Tricks** helfen:

- **Verlängere Nomen** (Namenwort), indem du die **Mehrzahl** bildest.
  Beispiel: die Bur**g** ➜ die Bur**g**en
- **Verlängere Adjektive** (Wiewörter), indem du sie **steigerst**.
  Beispiel: star**k** ➜ stär**k**er
- **Verlängere Verben** (Tunwörter), indem du die **Grundform** bildest.
  Beispiel: du lie**g**st ➜ lie**g**en

Übung 1

g oder **k**? Bilde zuerst die Mehrzahl und entscheide dann.

a) das Flugzeu..... Mehrzahl: ....

b) der Erfol..... Mehrzahl: ....

c) das Wer..... Mehrzahl: ....

d) der Ta..... Mehrzahl: ....

e) der Kru..... Mehrzahl: ....

Übung 2

g oder **k**? Steigere erst das Adjektiv (Wiewort) und entscheide dann.

a) klu..... Steigerung: ....

b) eili..... Steigerung: ....

c) kräfti..... Steigerung: ....

d) knorri..... Steigerung: ....

e) wel..... Steigerung: ....

f) fleißi..... Steigerung: ....

Übung 3

g oder **k**? Bilde erst die Grundform und entscheide dann.

a) du trä.....st Grundform: ....

b) es wir.....t Grundform: ....

c) er schlä.....t Grundform: ....

d) sie mer.....t Grundform: ....

e) du par.....st Grundform: ....

f) er schwei.....t Grundform: ....

8 FREMDWÖRTER

Wir benutzen auch Wörter, die ursprünglich aus einer fremden Sprache stammen. Diese Fremdwörter schreibt man häufig anders, als man sie ausspricht.

Beispiel: Computer, Party

Übung 1

Hier sind die Fremdwörter alle rückwärts geschrieben. Kannst du sie richtig lesen? Schreibe nun das Fremdwort zu der passenden Erklärung.

a) Jemand, der Fotos macht: ....

b) Eine Süßigkeit zum Naschen: ....

c) Ein Tier, das im Wasser lebt: ....

d) Hierin bewahrt man sein Geld auf: ....

e) Ein Milchprodukt, das es mit und ohne Früchte gibt: ....

f) Isst man oft mit Tomatensoße: ....

Übung 2

Finde 8 Fremdwörter im Gitterrätsel, umkreise sie und schreibe sie hinter die passende Begriffserklärung.

L	T	O	I	L	E	T	T	E
M	W	X	K	P	K	I	K	D
E	P	O	D	I	V	Ö	O	O
D	A	U	A	C	J	Y	S	K
I	R	Ö	T	K	J	S	T	T
Z	T	D	U	N	Ö	X	Ü	O
I	Y	B	M	I	V	D	M	R
N	D	E	K	C	C	L	N	L
D	E	T	E	K	T	I	V	Ä

a) Eine Mahlzeit im Freien nennt man ____________________

b) Ein Mann, der einen Verdächtigen beobachtet, ist ein ____________________

c) Wenn man dringend „muss“, dann geht man auf die ____________________

d) Menschen, die krank sind, nehmen ____________________

e) Zur Faschingszeit zieht man oft ein ____________________ an.

f) Wenn du krank bist, gehst du manchmal zum ____________________

g) Der heutige Tag ist das ____________________

h) Ein anderes Wort für „Feier“: ____________________

9 ZEICHENSETZUNG

Werden in einem Satz mehrere ähnliche Begriffe aufgezählt, trennt man diese mit einem Komma voneinander ab.

Beispiel: Ich verteile Schokolade, Bonbons, Lakritz und Kaugummis.

Wichtig: Vor **und** und **oder** steht bei einer Aufzählung kein Komma.

Übung 1

Setze die Kommas richtig. Denke daran, dass vor **und** und **oder** kein Komma steht!

a) Meine Mama isst gerne Kuchen Eis und Schokolade.
b) Mein Papa mag lieber Kartoffeln Bratwurst und Bier.
c) Magst du lieber Bonbons Kaugummis oder Fruchtgummis?
d) Im Zoo sahen wir Affen Löwen Zebras und Delfine.
e) Wollen wir heute Fahrrad fahren Fußball spielen oder schwimmen?

Zwei Sätze können durch ein Bindewort miteinander verbunden werden. Vor den Bindewörtern **dass, weil, sodass, damit, obwohl, aber, denn** steht immer ein Komma.

Beispiel: Ich trinke viel. Ich bleibe fit. Ich trinke viel, **damit** ich fit bleibe.

Übung 2

Setze die Kommas nun selbst.

a) Heute habe ich keine Lust auf Eis obwohl ich sonst jeden Tag eines esse.
b) Die Haare sollte man gut föhnen damit man sich nicht erkältet.
c) Ich habe gern Geburtstag weil es immer schöne Geschenke gibt.
d) Ich habe eben gemerkt dass ich meine Hausaufgaben vergessen habe.
e) Ich gehe nun ins Bett weil ich morgen früh aufstehen muss.
f) Heute gehe ich ins Schwimmbad denn die Sonne scheint.

Übung 3

Schreibe zu den Bildern drei eigene Sätze wie in den Übungen 1 und 2.

Richtig schreiben

Sätze, die jemand spricht, werden in **Anführungszeichen (Redezeichen)** gesetzt. Das, was zwischen den Redezeichen steht, nennt man **wörtliche Rede**.
Beispiel: „Ich gehe heute ins Schwimmbad."

Manchmal steht bei der wörtlichen Rede, wer etwas sagt. Das nennt man den Begleitsatz. Steht der **Begleitsatz** vor der wörtlichen Rede, setzt man einen Doppelpunkt.
Beispiel: **Tom sagt:** „Ich gehe heute ins Schwimmbad."

Manchmal steht auch erst nach der wörtlichen Rede, wer dies gesagt hat. Dann wird zwischen der wörtlichen Rede und dem Begleitsatz ein Komma gesetzt. Der Punkt am Ende der wörtlichen Rede fällt weg.
Beispiel: „Ich gehe heute ins Schwimmbad", **sagt Tom**.

Übung 4

Unterstreiche die Begleitsätze rot, die Sätze der wörtlichen Rede grün.

a) Jule sagt: „Nächste Woche möchte ich gerne ins Kino gehen."

b) „Welchen Film willst du sehen?", fragt ihre Oma.

c) „Es läuft ein Zeichentrickfilm, der von einem einsamen Erdmännchen handelt", antwortet Jule.

d) „Bitte, Oma, gehst du mit mir ins Kino?"

e) Da sagt die Oma: „Wenn du mir diese Woche bei meinen Arbeiten hilfst, dann gehe ich gerne mit dir in den Film."

f) „Danke, Oma!", jubelt Jule.

Übung 5

Schreibe die Texte in den Sprechblasen als wörtliche Rede. Vergiss den Begleitsatz nicht. Er kann vor oder nach der wörtlichen Rede stehen.

Tim sagt Anne erklärt Eric meint Sophia antwortet

Übung 6

Setze alle Anführungszeichen und Doppelpunkte.

Kann ich heute Nachmittag zum Spielen zu dir kommen?, fragt Katrin ihre Freundin Tina. Ja, prima, ruft diese freudig aus. Sie spielt gerne mit Katrin. Doch da fällt ihr etwas ein Es tut mir leid, Katrin. Mir ist gerade eingefallen, dass heute Nachmittag schon Clara zu mir kommt.
Okay, dann spiel doch mit der, ruft Katrin beleidigt und will weggehen.
Tina läuft hinter ihr her und sagt Katrin, sei nicht böse. Clara ist wirklich nett. Du kannst doch auch zu mir kommen. Zu dritt kann man sowieso viel besser spielen. Du bist und bleibst meine beste Freundin.
Da freut sich Katrin. Gut, ich komme, sagt sie lachend.

TEST

Meine Punkte in diesem Test: ☐

Hier kannst du nun dein Wissen testen. Die richtigen Antworten und die Punkteverteilung findest du auf den Lösungsseiten (S. 133).

Aufgabe 1

Bei **Aufgabe 1** habe ich ☐ von 4 Punkten.

ss oder **ß**? Lies das Wort zuerst laut und trage dann richtig ein.

a) die Ka......e b) die Stra......e

c) der Flu...... d) der Fu......

Aufgabe 2

Bei **Aufgabe 2** habe ich ☐ von 2 Punkten.

Bilde eine Wortfamilie mit jeweils 2 Verwandten.

a) der Leser ....

b) die Reise ....

Aufgabe 3

Bei **Aufgabe 3** habe ich ☐ von 4 Punkten.

g oder **k**? Entscheide dich, nachdem du das Wort verlängert hast.

a) das Wer...... b) kräfti......

c) er flie......t d) der Kru......

Aufgabe 4

Bei **Aufgabe 4** habe ich ☐ von 3 Punkten.

Welche Fremdwörter sind gesucht? Schreibe sie richtig auf die Linie.

a) Eine Figur, die häufig in Krimis vorkommt: ____________________

b) Ein Mensch, der Kranke heilt, ist ein: ____________________

c) Jemand, der Fotos macht, ist ein: ____________________

Aufgabe 5

Bei **Aufgabe 5** habe ich ☐ von 3 Punkten.

Setze die Satzzeichen ein.

a) Meine Lieblingsfächer sind Sport Kunst Musik und Deutsch

b) Auf unserer Reise sahen wir Flüsse Berge Seen und das Meer

c) Hoffentlich bin ich bald wieder gesund seufzte Lise traurig

1 SATZGLIEDER

Jeder Satz lässt sich in mehrere Bestandteile zerlegen. Diese Bestandteile nennt man **Satzglieder**. Satzglieder können aus einem Wort oder aus mehreren Wörtern bestehen. Um die Satzglieder herauszufinden, stellst du die Sätze einfach um und machst die **Umstellprobe**. Beim Umstellen siehst du, welche Wörter immer unverändert zusammenbleiben.

Beispiel: Meine Mutter fährt heute Abend zu ihrer Freundin.
1. Umstellung: Zu ihrer Freundin / fährt / meine Mutter / heute Abend.
2. Umstellung: Meine Mutter / fährt / zu ihrer Freundin / heute Abend.
3. Umstellung: Fährt / meine Mutter / heute Abend / zu ihrer Freundin?

Die Satzglieder heißen: „meine Mutter“, „fährt“, „heute Abend“ und „zu ihrer Freundin“.

Übung 1

Stelle jeden Satz zweimal um. Kennzeichne dann die Satzglieder, indem du sie durch Schrägstriche trennst.

a) Lena starrt den Zauberer an.

---

b) Mein Hund Bello kuschelt gerne mit mir.

Die einzelnen Satzglieder haben unterschiedliche Aufgaben. So informiert uns das **Subjekt** (der Satzgegenstand) darüber, wer etwas tut. Man kann danach mit **„Wer?"** oder **„Was?"** fragen.

Beispiel: Die Kuh rennt.
Frage: **Wer oder was** rennt?
Antwort: Die Kuh ➜ Subjekt: „die Kuh"

Das **Prädikat** (die Satzaussage) erzählt uns, was jemand tut oder was geschieht. Man fragt danach mit **„Was tut jemand?"** oder **„Was geschieht?"**

Beispiel: Der Affe klettert.
Frage: **Was tut** der Affe?
Antwort: Er klettert. ➜ Prädikat: „klettert"

Übung 2

Unterstreiche im Text jeweils das Subjekt rot und das Prädikat blau.

Auf dem Bauernhof

Jule und Suri besuchen mit ihren Eltern für zwei Wochen einen Bauernhof. Sofort sehen sie viele Kühe auf der Weide. Ein großer Hund liegt faul vor der Haustür. Kleine Schweinchen quieken um die Wette. Im Stall stehen Pferde. Hühner laufen im Gras. Sie gackern laut. Zwei Katzen jagen sich. Beide streiten um einen kleinen Ball. Auf den Bäumen zwitschern viele Vögel. Um den kleinen See herum schnattern Gänse. Grillen zirpen. Und Frösche hören Jule und Suri auch. Sie quaken vor allem nachts. Hoffentlich kann Jule schlafen!

Sprache untersuchen

Ein weiteres Satzglied ist das **Dativobjekt** (Objekt im 3. Fall).
Es ist die Antwort auf die Frage **„Wem?“**.

Beispiel: Ingrid schreibt ihrer Oma einen Brief.
Frage: **Wem** schreibt Ingrid einen Brief?
Antwort: ihrer Oma ➜ Dativobjekt: „ihrer Oma“

Übung 3

Jule und Suri dürfen auf dem Bauernhof bei der Fütterung helfen. Wer bekommt was? Setze richtig ein. Unterstreiche dann jedes Dativobjekt gelb.

dem Hund – seiner Freundin –
jedem Pferd – den Schweinchen –
den Kätzchen – den Hühnern – den Kühen

a) Jule wirft .... frisches Heu hin.

b) Suri gibt .... einige Handvoll Körner.

c) Jule füllt .... die Reste vom Mittagessen in den Trog.

d) Suri gießt .... frische Milch in ihren Napf.

e) Jule wirft .... einen großen Knochen hin.

f) Suri hält .... eine Mohrrübe vor das Maul.

g) Zum Schluss schenkt Suri .... ein großes Stück Schokolade.

Das Satzglied, das auf die Frage **„Wen oder was?“** antwortet, ist das **Akkusativobjekt** (Objekt im 4. Fall).

Beispiel: Sina füttert die Schweine.
Frage: **Wen oder was** füttert Sina?
Antwort: die Schweine ➜ Akkusativobjekt: „die Schweine“

Übung 4

Unterstreiche in jedem Satz das Akkusativobjekt mit grüner Farbe. Stelle zuerst die richtige Frage.

a) Helga besucht ihre Oma.

Frage: ....

Antwort/Akkusativobjekt: ....

b) Heute kann Daniel seinen Bruder nicht leiden.

Frage: ....

Antwort/Akkusativobjekt: ....

c) Jennifer hat den Dieb gesehen!

Frage: ....

Antwort/Akkusativobjekt: ....

d) Wir müssen die Handwerker rufen.

Frage: ....

Antwort/Akkusativobjekt: ....

2 SATZKERN

Ein Satz enthält immer einen Satzkern. Der **Satzkern** besteht aus dem **Subjekt** (Satzgegenstand) und dem **Prädikat** (Satzaussage).

Beispiel: Robin isst. Robin → Subjekt; isst → Prädikat

Damit man über den Satzkern mehr erfährt, erweitert man ihn mit einer **Satzergänzung**. Der Satz klingt dann auch besser.

Beispiel: Robin isst gerne Pizza.
Robin isst → Satzkern; gerne Pizza → Satzergänzung

Übung 1

Umkreise in jedem Satz den Satzkern mit einer Farbe.

a) Sascha rennt nach Hause.
b) Anna spielt Tennis.
c) Meine Mama liest ein Buch.
d) Oma kaut Kaugummi.
e) Fritz kauft ein Comicheft.

Übung 2

Die Satzergänzungen sind aus den Sätzen gefallen. Setze sie wieder richtig ein.

unsere Hausaufgaben
ein Bild
eine schöne Blume
gerne Schlagzeug
ein flottes Lied

a) Tina malt ....

b) Markus spielt ....

c) Mama bewundert ....

d) Unser Lehrer verbessert ....

e) Der Chor singt ....

Übung 3

Schreibe zu jedem Bild einen Satz. Umkreise den Satzkern mit einer Farbe.

Übung 4

Finde passende Satzergänzungen.

a) Holger kocht

b) Katrin liest

c) Stefan bemerkt

d) Torsten springt

e) Opa lacht

f) Der Clown fällt

TEST

Meine Punkte in diesem Test: ☐

Hier kannst du nun dein Wissen testen. Die richtigen Antworten und die Punkteverteilung findest du auf den Lösungsseiten (S. 135).

Aufgabe 1

Bei **Aufgabe 1** habe ich ☐ von 3 Punkten.

Schreibe, ohne nachzuschauen, auf, wie man nach dem jeweiligen Satzglied fragt.

a) Subjekt: ....

b) Prädikat: ....

c) Akkusativobjekt: ....

Aufgabe 2

Bei **Aufgabe 2** habe ich ☐ von 6 Punkten.

Unterstreiche im Text alle Subjekte blau, Prädikate rot, Dativobjekte gelb und Akkusativobjekte grün.

Heute Nachmittag kommt Oma zu Besuch. Hoffentlich bringt sie ihren kleinen Pudel Struppi mit! Ich gebe ihm dann ganz viele Leckerlis. Aber Oma bekommt auch etwas Gutes. Mama hat nämlich Schokoladenkuchen gebacken. Da höre ich schon Struppi bellen.

Aufgabe 3

Bei **Aufgabe 3** habe ich ☐ von 2 Punkten.

Umkreise in jedem Satz den Satzkern mit einer Farbe.

a) Mein Bruder flüstert mir ein Geheimnis zu.

b) Meine Lieblingstante hüpft gerne auf dem Trampolin.

Aufgabe 4

Bei **Aufgabe 4** habe ich ☐ von 4 Punkten.

Schreibe die Wörter richtig in die Tabelle.

Schlange
Lampe rennen groß sie ich
hässlich er Heft einladen teuer
schnarchen schön flüstern wir Tier

Nomen mit Begleiter	Verb	Adjektiv	Personal-pronomen

3 ZEITFORMEN DES VERBS

Verben kann man in verschiedene **Zeitstufen** setzen. Diese Zeitstufen zeigen uns an, wann etwas geschieht.

Die **Gegenwart** drückt aus, wenn etwas jetzt gerade geschieht.
Beispiel: ich schreibe (**jetzt**)

Ist etwas bereits geschehen, dann benutzen wir die **Vergangenheit**.
Beispiel: ich schrieb (**gestern**)

Wenn etwas erst geschehen wird, dann drückt man das mit der **Zukunftsform** aus.
Beispiel: ich werde schreiben (**morgen**)

Übung 1

Setze die Verben in der Klammer in die Vergangenheit.

Der Löwe und die Maus (nach Äsop)

Eine kleine Maus lief (laufen) über einen schlafenden Löwen. Der Löwe ________ (erwachen) und ________ (ergreifen) sie mit seinen gewaltigen Tatzen. „Verzeihe mir", ________ (flehen) das Mäuschen, „meine Unvorsichtigkeit, und schenke mir mein Leben. Ich will dir auch ewig dafür dankbar sein." „Wie willst du kleines

Mäuschen mir, dem großen Löwen, wohl dankbar sein?“, ________ (fragen) der Löwe die kleine Maus spöttisch. Doch er ________ (schenken) ihr großzügig die Freiheit. Kurze Zeit darauf ________ (hören) das Mäuschen in seinem Loche das fürchterliche Gebrüll eines Löwen, ________ (laufen) neugierig dahin, von wo der Laut kam, und ________ (finden) ihren Wohltäter in einem Netze gefangen. Sogleich ________ (eilen) sie herzu und ________ (zernagen) einige Knoten des Netzes, sodass der Löwe mit seinen Tatzen das übrige Netz zerreißen ________ (können). So ________ (helfen) das kleine Mäuschen auch dem großen Löwen.

Übung 2

Hier steht ein Verb jeweils in der Grundform, in der Gegenwart, in der Zukunft und in der Vergangenheit. Male alle Formen eines Verbs in derselben Farbe an. **Tipp:** Du brauchst 4 verschiedene Farben.

aß	spielen	wird essen
rannte	essen	wird werfen
wird rennen	werfen	rennt
spielte	wirft	isst
rennen	spielt	warf
		wird spielen

4 ZUSAMMENGESETZTE NOMEN

Neue Nomen (Namenwörter) entstehen, wenn verschiedene Wortbausteine zusammengefügt werden. Manchmal muss zwischen die zusammengesetzten Wörter ein „**Fugen-s**“ geschrieben werden, damit das Wort besser gesprochen werden kann.

Beispiel: Das Schiff + die Fahrt + der Kapitän = der Schifffahrt**s**kapitän

Übung 1

Setze jeweils zwei Nomen (Namenwörter) zusammen und bilde so 6 zusammengesetzte Nomen.

Hai | Regal | Fisch | Garten | Boot | Bücher | Becher | Haus | Motor | Tuch | Strand | Kaffee

a) .... d) ....

b) .... e) ....

c) .... f) ....

Übung 2

Hier kannst du neue Nomen zusammensetzen. Vergiss das Fugen-s nicht.

a) Leben + Abend ....

b) König + Kinder ....

c) Geburtstag + Torte ....

d) Esel + Ohr ....

Man kann auch Nomen (Namenwörter) mit Verben (Tunwörtern) verbinden. Hierzu wird nicht das komplette Verb, sondern der Wortstamm des Verbs benutzt.

Beispiel: stricken + Jacke = die Strickjacke
nähen + Nadel = die Nähnadel

Übung 3

Schreibe die zusammengesetzten Nomen (Namenwörter) mit ihrem Artikel (Begleiter) auf.

a) malen + Wettbewerb ....

b) waschen + Maschine ....

c) laufen + Schuhe ....

d) glühen + Lampe ....

5 WORTFAMILIEN

Alle Wörter, die den gleichen Wortstamm haben, bilden eine **Wortfamilie**. Sie sind sprachlich verwandt und werden **ähnlich** geschrieben.

Beispiel: b**au**en: das Geb**äu**de – b**au**fällig – der Straßenb**au**

Übung 1

Male alle Wörter einer Wortfamilie mit derselben Farbe an.
Tipp: Du benötigst 5 verschiedene Farben.

der Sitz	wasserscheu	Wasser
zählen	ebenfalls	verschlafen
das Fallobst	abzählen	der Wasserfall
der Schlaf	unersetzlich	schlafen
die Versetzung	wässrig	zahlreich
fallen	die Zahlung	besetzen
setzen	schlaflos	zufällig
einschlafen	das Hochwasser	verzählen
		die Mausefalle

Übung 2

Gesucht sind Wörter der Wortfamilie „sprechen“. Löse das Rätsel.

1.

2.

3.

4.

5.

1. „Wer andern eine Grube gräbt, fällt selbst hinein“ ist ein …
2. Wenn man vor Freude oder Schreck die Sprache verliert, ist man …
3. Deutsch ist unsere …
4. Wenn sich zwei Menschen miteinander unterhalten, dann ist das ein …
5. Derjenige, der spricht, ist der …

TEST

Meine Punkte in diesem Test: ☐

Hier kannst du nun dein Wissen testen. Die richtigen Antworten und die Punkteverteilung findest du auf den Lösungsseiten (S. 137).

Aufgabe 1

Bei **Aufgabe 1** habe ich ☐ von 3 Punkten.

Male mit der gleichen Farbe an, was zusammengehört.

❍ Gegenwart ❍ Etwas wird noch geschehen. ❍ Er schlief.

❍ Vergangenheit ❍ Etwas geschieht gerade. ❍ Er wird schlafen.

❍ Zukunft ❍ Etwas ist schon geschehen. ❍ Er schläft.

Aufgabe 2

Bei **Aufgabe 2** habe ich ☐ von 5 Punkten.

Fülle die Tabelle aus.

Grundform	Gegenwart	Vergangenheit	Zukunft
kaufen	sie kauft	sie	sie
schmecken	es	es	es
drohen	wir	wir	wir
trinken	ich	ich	ich
zählen	du	du	du

Aufgabe 3

Bei **Aufgabe 3** habe ich ☐ von 4 Punkten.

Schreibe die zusammengesetzten Wörter mit ihrem Artikel (Begleiter) auf.

a) schauen + Fenster ______________________

b) merken + Zettel ______________________

c) gießen + Kanne ______________________

d) gehen + Weg ______________________

Aufgabe 4

Bei **Aufgabe 4** habe ich ☐ von 4 Punkten.

Jeweils ein Wort gehört nicht zur Wortfamilie. Streiche es durch.

a) träumen – der Traum – der Albtraum – einschlafen – verträumt

b) essen – der Esser – das Essgeschirr – das Trinkglas – essbar

c) hängen – weghängen – der Hang – der Abhang – der Fang

d) lesen – der Vorleser – das Lesebuch – spannend – unlesbar

1 TEXTE ÜBERARBEITEN

Jeder Schriftsteller liest seinen Text am Ende nochmals durch und überarbeitet ihn. Auch du solltest deine Geschichte auf folgende Punkte überprüfen:

- **Zeitform**: Erzählungen schreibt man in der Vergangenheit. Hast du das beachtet?
- **Satzbau**: Hast du deine Sätze abwechslungsreich gestaltet? Manchmal klingt es besser, wenn man zwei Sätze miteinander verbindet.
  Beispiel: Wir gingen nach Hause. Es wurde dunkel. **Besser:** Wir gingen nach Hause, weil es dunkel wurde.
- **Bildhafte Ausdrücke:** Bildhafte Ausdrücke machen jede Geschichte lebendiger. Welche Ausdrücke würden in deine Erzählung passen?
  Beispiel: Es war dunkel. **Besser:** Die Nacht war pechschwarz.

Übung 1

Der Anfang dieser Geschichte wurde nicht durchgehend in der Vergangenheit geschrieben. Überarbeite den Text, indem du die Verben in der Gegenwart durchstreichst und das richtige Verb in der Vergangenheit darüberschreibst.

Larissa ging aus dem Haus. Sie will zu ihrer Freundin Katharina. Die beiden waren so gut befreundet, dass sie jeden Nachmittag zusammen verbringen. Als Larissa über die Straße geht, hört sie ein Hupen hinter sich. Sie drehte sich um und sieht einen roten Lastwagen. Vor Schreck springt Larissa schnell auf den Bordstein. Dabei stürzt sie und fiel zu Boden. Zum Glück kann sie sich noch mit einer Hand abfangen.

Übung 2

Verbinde jeweils zwei Sätze miteinander, sodass sie lebendiger klingen. Benutze dazu das Bindewort in der Klammer.

a) Ich habe Angst vor der Schule. Ich habe nicht gelernt. (weil)
Ich habe Angst vor der Schule, weil ....

b) Wir gingen nicht gleich wieder zurück. Es fing an zu regnen. (obwohl)
....

c) Ich wartete sehr lange auf ihn. Er kam nicht. (aber)
....

d) Meine Mutter gab mir Geld. Ich konnte mir ein Eis kaufen. (damit)
....

Übung 3

Vor allem Adjektive (Wiewörter) machen einen Text lebendiger. Setze jeweils das passende Adjektiv in die Sätze ein.

zitronengelb – stockdunkel – pfeilschnell – bleischwer – meterhoch – haarscharf

a) Der Dieb rannte .... an mir vorbei.

b) Der Schnee lag ....

c) Der Ball verfehlte unseren Lehrer ....

d) Die .... Bluse stand Tina sehr gut.

e) Sie gab mir ihren Rücksack. Er war ....

f) Ich stand auf. Um mich herum war es ....

2 WORTFELDER

Wörter, die Ähnliches bedeuten, gehören zu einem **Wortfeld**. Wortfelder helfen uns, Geschichten lebendiger zu erzählen. So kann man unter verschiedenen Wörtern das Wort auswählen, das am genauesten beschreibt, was man ausdrücken möchte. Außerdem dienen Wortfelder dazu, Wortwiederholungen zu vermeiden.

Beispiel: Pia lacht über den guten Witz, den Stefan erzählt hat. Jochen muss ebenfalls lachen. Nur Xaver lacht nicht. **Besser:** Pia lacht über den guten Witz, den Stefan erzählt hat. Jochen muss ebenfalls kichern. Nur Xaver grinst noch nicht einmal.

Übung 1

Im Gitterrätsel sind 6 Wörter aus dem Wortfeld „schnell" versteckt. Umkreise sie und schreibe sie dann auf die Linie.

A	N	S	A	C	V	R	A	S	C	H	R
L	W	X	K	K	I	F	L	I	N	K	I
V	G	E	S	C	H	W	I	N	D	O	U
J	Y	Ö	J	S	A	D	Ö	X	B	F	V
B	L	I	T	Z	S	C	H	N	E	L	L
D	D	E	K	C	T	L	N	L	A	O	O
P	K	G	G	X	I	P	P	Y	M	T	W
H	H	V	D	Q	G	U	K	A	N	T	L

Übung 2

Ordne die Wörter richtig in die Tabelle ein.

gedämpft geräuschvoll schwerfällig träge
schallend still schwach lautlos
bedächtig schrill gemächlich krachend

Wortfeld „laut“	Wortfeld „leise“	Wortfeld „langsam“

Übung 3

Jeweils ein Wort gehört nicht in die Reihe. Streiche es durch.

a) Wortfeld „zerstören“: kaputt machen – abreißen – schuften – zerreißen – vernichten

b) Wortfeld „essen“: futtern – fressen – speisen – jauchzen – verzehren – knabbern

c) Wortfeld „weinen“: jubeln – schluchzen – heulen – klagen – kreischen – wimmern

TEST

Meine Punkte in diesem Test: ☐

Hier kannst du nun dein Wissen testen. Die richtigen Antworten und die Punkteverteilung findest du auf den Lösungsseiten (S. 139).

Aufgabe 1

Bei **Aufgabe 1** habe ich ☐ von 6 Punkten.

Setze die fehlenden Wörter richtig in die Lücken ein.

Adjektive abwechslungsreich Vergangenheit
verbinden Bildhafte lebendiger

Texte überarbeiten

Erzählungen schreibt man in der ________________ .

Die Sätze sollten ________________ gestaltet sein.

Hierfür kann man oft zwei Sätze miteinander ________________ .

________________ Ausdrücke machen jede Geschichte ________________ . Insbesondere ________________ spielen hier eine große Rolle.

Aufgabe 2

Bei **Aufgabe 2** habe ich ☐ von 5 Punkten.

Der Anfang dieser Geschichte wurde nicht durchgehend in der Vergangenheit geschrieben. Überarbeite den Text, indem du die Verben in der Gegenwart durchstreichst und das richtige Verb in der Vergangenheit darüberschreibst.

Claudia lief mit ihrer kleinen Schwester Emilie zum See. Emilie will unbedingt die Enten füttern. Deshalb nehmen sie auch von zu Hause einige Scheiben altes Brot mit. Als sie am See ankamen, waren nur zwei Enten dort. Emilie ist enttäuscht. Claudia gibt ihr von dem Brot und Emilie zerriss es in viele kleine Stücke. Die beiden Schwestern werfen es den zwei Enten hin. Nun war auch Emilie wieder glücklich.

Aufgabe 3

Bei **Aufgabe 3** habe ich ☐ von 4 Punkten.

Die Wörter aus dem Wortfeld „arbeiten“ sind in der Mitte durcheinandergeraten. Puzzle sie wieder zusammen und schreibe sie richtig auf.

a) schffaen: ....

b) schfuten: ....

c) sich beschftäigen: ....

d) sich anstrngeen: ....

e) wekren: ....

1 TEXTE VERSTEHEN

Alles kann man lernen – auch das Verstehen von Texten. Wie auf allen anderen Gebieten ist es auch hier wichtig zu üben. Deshalb solltest du so viel wie möglich lesen. Hierzu kannst du dir in einer Bibliothek einen Ausweis besorgen. Damit kannst du jederzeit Bücher ausleihen.

Manche Texte sind schwierig zu verstehen. Hier sind ein paar **Tricks**, die dir sicher dabei helfen:

- Lies den Text mehrmals durch.
- Unterstreiche Wörter, die du nicht kennst. Schlage diese Wörter im Wörterbuch nach.
- Markiere nun **Schlüsselwörter** (oder ganze **Schlüsselsätze**), die wichtig sind, mit einer roten Farbe.

Übung 1

Lies die Eulenspiegel-Geschichte gut durch und markiere die Schlüsselwörter oder Schlüsselsätze.

Eulenspiegel und der Klang des Geldes

Till Eulenspiegel aß und übernachtete einige Zeit in einer Herberge. Eines Tages war das Essen nicht pünktlich fertig. Da Eulenspiegel großen Hunger hatte, ärgerte er sich sehr darüber und beschwerte sich beim Wirt. Dieser aber sagte nur: „Wer nicht warten kann, bis das Essen fertig ist, muss mit dem vorliebnehmen, was er gerade hat.“

Da setzte sich Eulenspiegel an den Kamin und aß ein Stück Brot, das er noch in seiner Tasche fand. Als das Essen nun fertig war, forderte der Wirt Eulenspiegel auf, sich an den Tisch zu setzen. Doch Eulenspiegel war sauer auf den Wirt und sagte: „Nein, ich habe keinen Hunger mehr. Der Geruch des Bratens hat mich schon satt gemacht.“ Und er blieb am Feuer sitzen.

Nach einer Weile kam der Wirt und verlangte von Eulenspiegel Geld für das Mittagessen. Eulenspiegel antwortete: „Aber ich habe doch gar nichts gegessen. Wieso soll ich dann Geld bezahlen?“ Der Wirt, der auf der Bezahlung bestand, erwiderte: „Du hast den Braten gerochen und bist vom Geruch satt geworden. Deshalb musst du das Essen auch bezahlen.“

Da nahm Eulenspiegel einen Taler aus der Tasche und ließ diesen auf den Tisch fallen. Er sagte: „Wirt, hörst du den Klang des Geldes?“, und schnappte sich den Taler sofort wieder.

„Ja“, sagte der Wirt, „den Klang höre ich.“
„Siehst du“, meinte Eulenspiegel, „so wie der Geruch des Bratens mich satt gemacht hat, so soll der Klang des Geldes eure Bezahlung sein.“ Und Eulenspiegel verließ die Herberge.

Übung 2

Hast du die Eulenspiegel-Geschichte auf Seite 120–121 genau gelesen?
Dann kreise hier die Bilder ein, die etwas mit der Geschichte zu tun haben.

Übung 3

Kreuze die richtige Antwort an.

a) Was hat Eulenspiegel gegessen?

- ❑ Einen Braten
- ❑ Ein Stück Brot.
- ❑ Nichts.

b) Wofür verlangte der Wirt Geld von Eulenspiegel?

- ❑ Für den Braten, den er gegessen hat.
- ❑ Für den Geruch des Bratens, den er eingeatmet hat.
- ❑ Für die Übernachtung in der Herberge.

c) Welche Bezahlung erhielt der Wirt?

- ❑ Den Klang des Geldes.
- ❑ Den Geruch des Geldes.
- ❑ Das Geld, das Eulenspiegel ihm gab.

d) Was ließ Eulenspiegel auf den Tisch fallen?

- ❑ Eine Münze.
- ❑ Einen Euro.
- ❑ Einen Taler.

2 TEXTE VORLESEN

Wenn du einen Text vorlesen möchtest, solltest du das gut vorbereiten. Die folgenden Schritte sind dabei sehr hilfreich.

1. Schritt: Lies den Text so oft durch, bis du ihn wirklich verstanden hast.

2. Schritt: Markiere die Stellen, an denen du Sprechpausen machen möchtest, mit einem Schrägstrich (/). Unterstreiche auch die Wörter, die du betonen willst.

3. Schritt: Dein Blick sollte immer schon einige Wörter voraus lesen. So kannst du auch über die Zeilen hinaus lesen, ohne unterbrechen zu müssen.

4. Schritt: Lass dir Zeit und lies langsam.

Übung 1

Lies den Text laut und setze während des Lesens das blau gedruckte Wort am Rand in die Lücke ein. Versuche dabei, dein Lesen nicht zu unterbrechen.

Flaschenzug

Mit einem .... kann man Lasten	Flaschenzug
heben. Der Flaschenzug .... aus	besteht
zwei .... und einem Seil.	Rollen
Die .... der Rollen nennt	Halterung
man Flaschen. Je .... Rollen ein	mehr
Flaschenzug besitzt, desto .... Kraft	weniger
benötigt man, um .... anzuheben.	Lasten

Übung 2

Bereite die folgende Fabel zum Vorlesen vor: Lies sie zuerst gut durch. Setze dann Pausenstriche und unterstreiche die Wörter, die du betonen möchtest. Übe das Vorlesen danach für dich. Trage die Fabel, wenn du sie gut genug lesen kannst, deinen Eltern oder Geschwistern vor.

Das Pferd und der Esel (nach Äsop)

Ein Bauer trieb ein Pferd und einen Esel zum Markte. Beide waren gleichmäßig mit Waren beladen.

Als sie schon eine gute Strecke vorwärtsgegangen waren, fühlte der Esel, wie er immer schwächer wurde.

„Ach“, bat er das Pferd mit kläglicher Stimme, „du bist viel größer und stärker als ich, aber du hast nicht schwerer zu tragen. Nimm mir doch bitte einen Teil meiner Last ab, sonst kann ich nicht mehr weiterlaufen.“ Doch das Pferd schlug ihm hartherzig seine Bitte ab: „Ich habe selbst mein Gepäck zu tragen, das reicht mir.“

Keuchend schleppte sich der Esel weiter, bis er erschöpft zusammenbrach. Vergeblich versuchte der Herr, ihn zu retten – er war tot. Es blieb nun nichts weiter übrig, als die ganze Last des Esels dem Pferde aufzupacken. Um noch etwas von dem Esel zu retten, zog ihm der Besitzer das Fell ab und legte auch dieses noch dem Pferde oben auf. Zu spät bereute das Pferd nun seine Hartherzigkeit. „Mit leichter Mühe“, so klagte es, „hätte ich dem Esel einen kleinen Teil seiner Last abnehmen und ihn vor dem Tode retten können. Jetzt muss ich seine ganze Last und dazu noch seine Haut tragen.“

Hilf also rechtzeitig, wo du helfen kannst.

TEST

Meine Punkte in diesem Test: ☐

Hier kannst du nun dein Wissen testen. Die richtigen Antworten und die Punkteverteilung findest du auf den Lösungsseiten (S. 142).

Aufgabe 1

Bei **Aufgabe 1** habe ich ☐ von 10 Punkten.

Lies den Text durch und unterstreiche alle Schlüsselwörter mit einer roten Farbe.

Unsere Erde

Unsere Erde ist der dritte von acht Planeten unseres Sonnensystems. Sie ist etwa 4,6 Milliarden Jahre alt und man nimmt an, sie ist der einzige Himmelskörper, der bewohnt ist. Unsere Erde wird auch „blauer Planet" genannt, weil sie zum großen Teil von Wasser bedeckt ist. Die Erde braucht 365 Tage, bis sie sich einmal um die Sonne gedreht hat. Innerhalb von 24 Stunden dreht sie sich einmal um sich selbst. Dadurch entstehen Tag und Nacht. Auf unserer Erde leben etwa 6 Milliarden Menschen. Die Erde war vor vielen Milliarden Jahren noch eine Feuerkugel. Erst später kühlte die äußere Schicht dieses Feuerballs ab und wurde fest.

Aufgabe 2

Bei **Aufgabe 2** habe ich ☐ von 3 Punkten.

Welche Sätze sind richtig? Kreuze an.

- ❑ Unsere Erde ist der dritte Planet von insgesamt acht Planeten des Sonnensystems.
- ❑ Außer der Erde gibt es noch drei weitere Planeten, die bewohnt sind.
- ❑ Unsere Erde heißt auch „blauer Planet“, weil sie vor allem von Wasser bedeckt ist.
- ❑ Etwa 2 Milliarden Menschen bevölkern unsere Erde.
- ❑ Früher war die Erde ein Feuerball.

Aufgabe 3

Bei **Aufgabe 3** habe ich ☐ von 3 Punkten.

Bereite das Gedicht zum Vorlesen vor, indem du Pausenstriche setzt und die Wörter unterstreichst, die du betonen möchtest. Übe es und trage es dann deinen Eltern vor. Lass dir von ihnen auch deine erreichte Punktzahl (1–3 Punkte) geben.

Der Vogel (Wilhelm Busch)

Es sitzt ein Vogel auf dem Leim,
Er flattert sehr und kann nicht heim.
Ein schwarzer Kater schleicht herzu,
Die Krallen scharf, die Augen gluh.
Am Baum hinauf und immer höher
Kommt er dem armen Vogel näher.

Der Vogel denkt: Weil das so ist
Und weil mich doch der Kater frisst,
So will ich keine Zeit verlieren,
Will noch ein wenig quinquilieren
Und lustig pfeifen wie zuvor.
Der Vogel, scheint mir, hat Humor.

LÖSUNGEN

Richtig schreiben

1 GROSSSCHREIBUNG

Übung 1 Seite 74

Meine Oma ist heute mal faul. Sie hat sich vorgenommen, den ganzen Tag nichts zu tun. Schon heute Morgen nach dem Frühstück schnappte sie sich den Liegestuhl. „Ich bin dann mal im Garten", rief sie – und weg war sie. Im Garten stellte sie ihren Stuhl auf und döste erst mal in der Sonne. Gegen Mittag schmierte sie sich ein Brot und goss sich Saft ein, dann legte sie sich mit dem Essen in ihren Stuhl und aß gemütlich. Zur Abwechslung blätterte sie ab und zu in einer Zeitschrift. Als es dunkel wurde, kam sie wieder ins Haus und rief: „Jetzt bin ich aber erholt!"

Übung 2 Seite 75

a) „Wie geht es Ihrem Mann?"
b) „Möchten Sie lieber ein Kilogramm Äpfel oder Birnen?", fragte der Verkäufer.
c) „Ich kann Ihre Bestellung leider erst morgen liefern."
d) „Gerne würde ich Ihnen beim Einkauf helfen", bot der junge Mann der älteren Dame an.
e) „Ich hoffe, das Eis hat Ihren Schülern geschmeckt?"

2 NACHSILBEN VON NOMEN

Übung 1 Seite 76

a) die Krankheit
b) die Beratung
c) das Geheimnis
d) die Heiterkeit
e) die Gesellschaft
f) der Reichtum

Übung 2 Seite 77

a) die Tapferkeit
b) die Finsternis
c) die Gelegenheit
d) das Wachstum
e) die Spannung
f) die Eigenschaft

Übung 3 Seite 77

a) die Zeitung
b) die Wiederholung
c) die Landung
d) die Gesundheit
e) die Schönheit
f) die Verwandtschaft
g) die Gemütlichkeit

3 WÖRTER MIT LANGEM I

Übung 1 Seite 78

Tiger, Biber, Augenlid, Rosine, Kamin, Lawine, Maschine, Termin, Klima, Vitamin

Ö	L	J	T	I	G	E	R	B	W	B
A	U	G	E	N	L	I	D	C	W	I
P	Ö	M	W	B	W	V	B	Ä	E	B
R	D	K	Ö	E	I	P	K	G	G	E
O	L	A	L	A	W	I	N	E	E	R
S	A	M	Y	M	N	W	H	Z	H	V
I	E	I	M	A	S	C	H	I	N	E
N	G	N	U	K	M	A	N	E	L	U
E	E	W	P	D	T	E	R	M	I	N
K	L	I	M	A	G	B	T	E	U	Q
X	S	S	Q	V	I	T	A	M	I	N

Übung 2 Seite 79

a) Delfin
b) Tiger
c) Maschine
d) Musik
e) Lineal

Übung 3 Seite 80

a) se – hen
b) ge – sche – hen
c) flie – hen
d) zie – hen

Übung 4 Seite 80

w**siehst**sch**befiehlt**ne**geschieht** nu**ziehst** nse**flieht**ep

Beispiellösung:

a) siehst – Siehst du den Mond?
b) befiehlt – Was befiehlt die Königin?
c) geschieht – Pass auf, sonst geschieht ein Unglück!
d) zieht – Der Hund zieht an der Leine.
e) flieht – Der Räuber flieht.

4 WÖRTER MIT AI

Übung 1 Seite 81

a) der Kaiser
b) der Hai
c) der Brotlaib
d) der Mai
e) der/die Waise
f) der Mais
g) die Geigensaite

5 WÖRTER MIT DEHNUNGS-H

Übung 1 Seite 82

a) Rah – men
b) Zäh – ler
c) Fah – ne
d) be – zah – len
e) Müh – le
f) Feh – ler

Übung 2 Seite 83

a) nähen: die Nähmaschine, die Nähnadel, das Nähgarn, die Näherin, die Naht, vernähen, umnähen
b) wählen: der Wähler, die Wahl, die Wahlurne, die Wählerstimme, der Wahlzettel, verwählen, auswählen
c) fahren: der Fahrer, das Fahrzeug, das Gefährt, die Gefährtin, die Fährte, verfahren, umfahren, einfahren, verfahren, befahrbar

Übung 3 Seite 83

Jule mag Suris lustige Einfälle und spielt gern mit ihm. Auch Suri freut sich immer sehr auf Jule und schätzt ihre klugen Ideen. Langweilig ist den beiden nie, denn ihnen fällt immer etwas Neues ein. Manchmal leiht Jule ihm eine CD oder ein Buch aus. Ihre letzte Indianergeschichte hat ihm am besten gefallen. Jule weiß deshalb auch schon, was sie ihrem Freund zum Geburtstag schenken wird. Du auch?

TEST

Höchstpunktzahl: **16 Punkte**

Aufgabe 1 Seite 84

Zähle für jedes richtige Nomen **1 Punkt**.

das Ergebnis — die Beratung
das Eigentum — die Landschaft

Aufgabe 2 Seite 84

Zähle für jedes richtige Nomen **1 Punkt**.

Waise, Hai, Mais, Mai, Kaiser, Saite, Laib

Aufgabe 3 Seite 85

Zähle für jedes richtige Nomen **1 Punkt**.

Schiene — Rosine
Tiger — Delfin

Aufgabe 4 Seite 85

Zähle für jedes richtige Wort **1 Punkt**.

a) Rahmen b) Wohnung
c) Fehler d) bezahlen

6 S, SS ODER ß?

Übung 1 Seite 86

Glas, verglast, gläsern
Eis, eisig, vereist
Lösung, lösen, gelöst

Übung 2 Seite 87

a) Soße b) Gießkanne
c) (Blumen-) Strauß d) Straße

Übung 3 Seite 87

a) der Fuß b) der Schuss
c) die Fessel d) stoßen
e) fließen f) wissen

7 G ODER K?

Übung 1 Seite 88

a) das Flugzeug – die Flugzeuge
b) der Erfolg – die Erfolge
c) das Werk – die Werke
d) der Tag – die Tage
e) der Krug – die Krüge

Übung 2 Seite 89

a) klug – gesteigert: klüger
b) eilig – gesteigert: eiliger
c) kräftig – gesteigert: kräftiger
d) knorrig – gesteigert: knorriger
e) welk – gesteigert: welker
f) fleißig – gesteigert: fleißiger

Übung 3 Seite 89

a) du trägst – tragen
b) es wirkt – wirken
c) er schlägt – schlagen
d) sie merkt – merken
e) du parkst – parken
f) er schweigt – schweigen

8 FREMDWÖRTER

Übung 1 Seite 90

a) Fotograf
b) Nugat
c) Delfin
d) Portemonnaie
e) Joghurt
f) Spaghetti

Übung 2 Seite 91

Picknick, Detektiv, Toilette, Medizin, Kostüm, Doktor, Datum, Party

L	T	O	I	L	E	T	T	E
M	W	X	K	P	K	I	K	D
E	P	O	D	I	V	Ö	O	O
D	A	U	A	C	J	Y	S	K
I	R	Ö	T	K	J	S	T	T
Z	T	D	U	N	Ö	X	Ü	O
I	Y	B	M	I	V	D	M	R
N	D	E	K	C	C	L	N	L
D	E	T	E	K	T	I	V	Ä

9 ZEICHENSETZUNG

Übung 1 Seite 92

a) Meine Mama isst gerne Kuchen, Eis und Schokolade.
b) Mein Papa mag lieber Kartoffeln, Bratwurst und Bier.
c) Magst du lieber Bonbons, Kaugummis oder Fruchtgummis?
d) Im Zoo sahen wir Affen, Löwen, Zebras und Delfine.
e) Wollen wir heute Fahrrad fahren, Fußball spielen oder schwimmen?

Übung 2 Seite 93

a) Heute habe ich keine Lust auf Eis, obwohl ich sonst jeden Tag eines esse.
b) Die Haare sollte man gut föhnen, damit man sich nicht erkältet.
c) Ich habe gern Geburtstag, weil es immer schöne Geschenke gibt.
d) Ich habe eben gemerkt, dass ich meine Hausaufgaben vergessen habe.
e) Ich gehe nun ins Bett, weil ich morgen früh aufstehen muss.
f) Heute gehe ich ins Schwimmbad, denn die Sonne scheint.

Übung 3 Seite 93

Du hast sicher ähnliche Sätze gefunden:
a) Tom, Lisa und Max malen.
b) Tom malt Erdbeeren, Äpfel, Bananen, Orangen und eine Tafel Schokolade.
c) Lisa und Tom malen schon, obwohl Max noch schnell einen Apfel isst.
d) Die Kinder wissen, dass Früchte gesund sind.

Übung 4 Seite 94

a) Jule sagt: „Nächste Woche möchte ich gerne ins Kino gehen."
b) „Welchen Film willst du sehen?", fragt ihre Oma.
c) „Es läuft ein Zeichentrickfilm, der von einem einsamen Erdmännchen handelt", antwortet Jule.
d) „Bitte, Oma, gehst du mit mir ins Kino?"
e) Da sagt die Oma: „Wenn du mir diese Woche bei meinen Arbeiten hilfst, dann gehe ich gerne mit dir in den Film."
f) „Danke, Oma!", jubelt Jule.

Übung 5 Seite 95

a) Tim sagt: „Das verstehe ich nicht." **oder:** „Das verstehe ich nicht", sagt Tim.
b) Anne erklärt: „Du darfst den Punkt nicht vergessen." **oder:** „Du darfst den Punkt nicht vergessen", erklärt Anne.
c) Eric meint: „Ich würde gerne mit dem Ball spielen." **oder:** „Ich würde gerne mit dem Ball spielen", meint Eric.
d) Sophia antwortet: „Ja, dazu habe ich auch Lust." **oder:** „Ja, dazu habe ich auch Lust", antwortet Sophia.

Übung 6 Seite 95

„Kann ich heute Nachmittag zum Spielen zu dir kommen?", fragt Katrin ihre Freundin Tina.
„Ja, prima", ruft diese freudig aus. Sie spielt gerne mit Katrin.
Doch da fällt ihr etwas ein: „Es tut mir leid, Katrin. Mir ist gerade eingefallen, dass heute Nachmittag schon Clara zu mir kommt."
„Okay, dann spiel doch mit der", ruft Katrin beleidigt und will weggehen.
Tina läuft hinter ihr her und sagt: „Katrin, sei nicht böse. Clara ist wirklich nett. Du kannst doch auch zu mir kommen. Zu dritt kann man sowieso viel besser spielen. Du bist und bleibst meine beste Freundin."
Da freut sich Katrin. „Gut, ich komme", sagt sie lachend.

TEST

Höchstpunktzahl: **16 Punkte**

Aufgabe 1 Seite 96

Zähle für jedes richtige Wort **1 Punkt**.

a) die Kasse
b) die Straße
c) der Fluss
d) der Fuß

Aufgabe 2 Seite 96

Zähle für a) und b) je **1 Punkt**, wenn du jeweils 2 richtige Wörter gefunden hast.
Mögliche verwandte Wörter:

a) Der Leser, das Lesebuch, lesen, vorlesen, lesbar, unlesbar
b) Die Reise, die Urlaubsreise, der Reisebus, verreisen, gereist

Aufgabe 3 Seite 96

Zähle für jedes richtige Wort **1 Punkt**.

a) das Werk
b) kräftig
c) er fliegt
d) der Krug

Aufgabe 4 Seite 97

Zähle für jedes richtige Wort **1 Punkt**.

a) Detektiv
b) Doktor
c) Fotograf

Aufgabe 5 Seite 97

Zähle für jeden Satz, in dem alle Satzzeichen richtig sind, **1 Punkt**.
Meine Lieblingsfächer sind Sport, Kunst, Musik und Deutsch.
Auf unserer Reise sahen wir Flüsse, Berge, Seen und das Meer.
„Hoffentlich bin ich bald wieder gesund", seufzte Lise traurig.

Sprache untersuchen

1 SATZGLIEDER

Übung 1 Seite 98

a) Den Zauberer/starrt/Lena an.
Starrt/Lena/den Zauberer/an?

b) Mit mir/kuschelt/mein Hund Bello/gerne.
Kuschelt/mein Hund Bello/gerne/mit mir?

Übung 2 Seite 99

Auf dem Bauernhof

Jule und Suri besuchen mit ihren Eltern für zwei Wochen einen Bauernhof. Sofort sehen sie viele Kühe auf der Weide. Ein großer Hund liegt faul vor der Haustür. Kleine Schweinchen quieken um die Wette. Im Stall stehen Pferde. Hühner laufen im Gras. Sie gackern laut. Zwei Katzen jagen sich. Beide streiten um einen kleinen Ball. Auf den Bäumen zwitschern viele Vögel. Um den kleinen See herum schnattern Gänse. Grillen zirpen. Und Frösche hören Jule und Suri auch. Sie quaken vor allem nachts. Hoffentlich kann Jule schlafen!

Übung 3 Seite 100

a) Jule wirft den Kühen frisches Heu hin.

b) Suri gibt den Hühnern einige Handvoll Körner.

c) Jule füllt den Schweinchen die Reste vom Mittagessen in den Trog.

d) Suri gießt den Kätzchen frische Milch in ihren Napf.

e) Jule wirft dem Hund einen großen Knochen hin.

f) Suri hält jedem Pferd eine Mohrrübe vor das Maul.

g) Zum Schluss schenkt Suri seiner Freundin ein großes Stück Schokolade.

Übung 4 Seite 101

a) Helga besucht ihre Oma.
Frage: Wen oder was besucht Helga?
Antwort / Akkusativobjekt: ihre Oma.

b) Heute kann Daniel seinen Bruder nicht leiden.
Frage: Wen oder was kann Daniel heute nicht leiden?
Antwort / Akkusativobjekt: seinen Bruder

c) Jennifer hat den Dieb gesehen!
Frage: Wen oder was hat Jennifer gesehen?
Antwort / Akkusativobjekt: den Dieb

d) Wir müssen die Handwerker rufen.
Frage: Wen oder was müssen wir rufen?
Antwort / Akkusativobjekt: die Handwerker

2 SATZKERN

Übung 1 Seite 102

a) Sascha rennt nach Hause.
b) Anna spielt Tennis.
c) Meine Mama liest ein Buch.
d) Oma kaut Kaugummi.
e) Fritz kauft ein Comicheft.

Übung 2 Seite 102

a) Tina malt ein Bild.
b) Markus spielt gerne Schlagzeug.
c) Mama bewundert eine schöne Blume.
d) Der Lehrer verbessert unsere Hausaufgaben.
e) Der Chor singt ein flottes Lied.

Übung 3 Seite 103

Die Lösung ist nur ein Beispiel. Es kann gut sein, dass du andere Sätze geschrieben hast. Diese sind sicher auch richtig.

a) Ein Mädchen liegt auf einer schönen Wiese.
b) Ein Junge fährt auf einem Schlitten den Berg hinunter.

Übung 4 Seite 103

Auch diese Lösungen sind nur Beispiele. Sicher hast du andere tolle Ideen gehabt.

a) Holger kocht ein leckeres Essen.
b) Katrin liest ein spannendes Buch.
c) Stefan bemerkt seinen kleinen Bruder in einem Versteck.
d) Torsten springt vom Baum hinunter.
e) Opa lacht laut über einen guten Witz.
f) Der Clown fällt auf seine Nase.

TEST

Höchstpunktzahl: **15 Punkte**

Aufgabe 1 Seite 104

Zähle für jede richtige Frage **1 Punkt**.

a) Subjekt: Wer oder was?
b) Prädikat: Was tut jemand?
c) Akkusativobjekt: Wen oder was?

Aufgabe 2 Seite 104

Zähle für jeden komplett richtig bearbeiteten Satz **1 Punkt**.

a) Heute Nachmittag kommt Oma zu Besuch.
b) Hoffentlich bringt sie ihren kleinen Pudel Struppi mit!
c) Ich gebe ihm dann ganz viele Leckerlis.
d) Aber Omi bekommt auch etwas Gutes.
e) Mama hat nämlich Schokoladenkuchen gebacken.
f) Da höre ich schon Struppi bellen.

Aufgabe 3 Seite 105

Zähle für jeden richtigen Satzkern **1 Punkt**.

a) Mein Bruder flüstert mir ein Geheimnis zu.
b) Meine Lieblingstante hüpft gerne auf dem Trampolin.

Aufgabe 4 Seite 105

Zähle für jede richtige Spalte **1 Punkt**.

a) Nomen mit Begleiter: die Lampe, die Schlange, das Heft, das Tier
b) Verb: rennen, einladen, flüstern, schnarchen
c) Adjektiv: groß, hässlich, teuer, schön
d) Personalpronomen: ich, er, sie, wir

3 ZEITFORMEN DES VERBS

Übung 1 Seite 106

Der Löwe und die Maus (nach Äsop)
Eine kleine Maus lief über einen schlafenden Löwen. Der Löwe erwachte und ergriff sie mit seinen gewaltigen Tatzen. „Verzeihe mir“, flehte das Mäuschen, „meine Unvorsichtigkeit, und schenke mir mein Leben. Ich will dir auch ewig dafür dankbar sein.“ „Wie willst du kleines Mäuschen mir, dem großen Löwen, wohl dankbar sein?“, fragte der Löwe die kleine Maus spöttisch. Doch er schenkte ihr großzügig die Freiheit. Kurze Zeit darauf hörte das Mäuschen in seinem Loche das fürchterliche Gebrüll eines Löwen, lief neugierig dahin, von wo der Laut kam, und fand ihren Wohltäter in einem Netze gefangen. Sogleich eilte sie herzu und zernagte einige Knoten des Netzes, sodass der Löwe mit seinen Tatzen das übrige Netz zerreißen konnte. So half das kleine Mäuschen auch dem großen Löwen.

Übung 2 Seite 107

Diese Verben solltest du in derselben Farbe angemalt haben:
essen – isst – wird essen – aß
rennen – rennt – wird rennen – rannte
spielen – spielt – wird spielen – spielte
werfen – wirft – wird werfen – warf

4 ZUSAMMENGESETZTE NOMEN

Übung 1 Seite 108

a) der Haifisch
b) der Kaffeebecher
c) das Motorboot
d) das Bücherregal
e) das Gartenhaus
f) das Strandtuch

Übung 2 Seite 109

a) der Lebensabend
b) die Königskinder
c) die Geburtstagstorte
d) das Eselsohr

Übung 3 Seite 109

a) der Malwettbewerb
b) die Waschmaschine
c) die Laufschuhe
d) die Glühlampe

5 WORTFAMILIEN

Übung 1 Seite 110

Diese Wörter solltest du in derselben Farbe angemalt haben:
fallen – das Fallobst – die Mausefalle – ebenfalls – zufällig
schlafen – der Schlaf – einschlafen – schlaflos – verschlafen
zählen – die Zahlung – abzählen – zahlreich – verzählen
Wasser – wässrig – der Wasserfall – wasserscheu – das Hochwasser
setzen – der Sitz – unersetzlich – die Versetzung – besetzen

Übung 2 Seite 111

1. Sprichwort
2. sprachlos
3. Muttersprache
4. Gespräch
5. Sprecher

TEST

Höchstpunktzahl: **16 Punkte**

Aufgabe 1 Seite 112

Zähle für jede richtige Gruppe **1 Punkt**.

a) Gegenwart – Etwas geschieht gerade. – Er schläft.
b) Vergangenheit – Etwas ist schon geschehen. – Er schlief.
c) Zukunft – Etwas wird noch geschehen. – Er wird schlafen.

Aufgabe 2 Seite 112

Zähle für jede richtige Zeile **1 Punkt**.

a) kaufen – sie kauft – sie kaufte – sie wird kaufen
b) schmecken – es schmeckt – es schmeckte – es wird schmecken
c) drohen – wir drohen – wir drohten – wir werden drohen
d) trinken – ich trinke – ich trank – ich werde trinken
e) zählen – du zählst – du zähltest – du wirst zählen

Aufgabe 3 Seite 113

Zähle für jedes richtige Nomen **1 Punkt**.

a) das Schaufenster
b) der Merkzettel
c) die Gießkanne
d) der Gehweg

Aufgabe 4 Seite 113

Zähle für jedes richtige Wort **1 Punkt**.

a) einschlafen
b) das Trinkglas
c) der Fang
d) spannend

Lösungen

Texte schreiben

1 TEXTE ÜBERARBEITEN

Übung 1 Seite 114

Larissa ging aus dem Haus. Sie ~~will~~ wollte zu ihrer Freundin Katharina. Die beiden waren so gut befreundet, dass sie jeden Nachmittag zusammen ~~verbringen~~ verbrachten. Als Larissa über die Straße ~~geht~~ ging, ~~hört~~ hörte sie ein Hupen hinter sich. Sie drehte sich um und ~~sieht~~ sah einen roten Lastwagen. Vor Schreck springt sprang Larissa schnell auf den Bordstein. Dabei ~~stürzt~~ stürzte sie und fiel zu Boden. Zum Glück ~~kann~~ konnte sie sich noch mit einer Hand abfangen.

Übung 2 Seite 115

a) Ich habe Angst vor der Schule, weil ich nicht gelernt habe.
b) Wir gingen nicht gleich wieder zurück, obwohl es anfing zu regnen.
c) Ich wartete sehr lange auf ihn, aber er kam nicht.
d) Meine Mutter gab mir Geld, damit ich mir ein Eis kaufen konnte.

Übung 3 Seite 115

a) Der Dieb rannte pfeilschnell an mir vorbei.
b) Der Schnee lag meterhoch.
c) Der Ball verfehlte unseren Lehrer haarscharf.
d) Die zitronengelbe Bluse stand Tina sehr gut.
e) Sie gab mir ihren Rücksack. Er war bleischwer.
f) Ich stand auf. Um mich herum war es stockdunkel.

2 WORTFELDER

Übung 1 Seite 116

A	N	S	A	C	V	R	A	S	C	H	R
L	W	X	K	K	I	F	L	I	N	K	I
V	G	E	S	C	H	W	I	N	D	O	U
J	Y	Ö	J	S	A	D	Ö	X	B	F	V
B	L	I	T	Z	S	C	H	N	E	L	L
D	D	E	K	C	T	L	N	L	A	O	O
P	K	G	G	X	I	P	P	Y	M	T	W
H	H	V	D	Q	G	U	K	A	N	T	L

Übung 2 Seite 117

Wortfeld „laut“: geräuschvoll, schallend, schrill, krachend
Wortfeld „leise“: gedämpft, still, lautlos, schwach
Wortfeld „langsam“: bedächtig, schwerfällig, gemächlich, träge

Übung 3 Seite 117

a) schuften
b) jauchzen
c) jubeln

TEST

Höchstpunktzahl: **15 Punkte**

Aufgabe 1 Seite 118

Zähle für jedes richtig eingesetzte Wort **1 Punkt**.

Erzählungen schreibt man in der Vergangenheit. Die Sätze sollten abwechslungsreich gestaltet sein. Hierfür kann man oft zwei Sätze miteinander verbinden. Bildhafte Ausdrücke machen jede Geschichte lebendiger. Insbesondere Adjektive spielen hier eine große Rolle.

Aufgabe 2 Seite 119

Zähle für jedes richtig verbesserte Wort **1 Punkt**.

Claudia lief mit ihrer kleinen Schwester Emilie zum See. Emilie ~~will~~ wollte unbedingt die Enten füttern. Deshalb ~~nehmen~~ nahmen sie auch von zu Hause einige Scheiben altes Brot mit. Als sie am See ankamen, waren nur zwei Enten dort. Emilie ~~ist~~ war enttäuscht. Claudia ~~gibt~~ gab ihr von dem Brot, und Emilie zerriss es in viele kleine Stücke. Die beiden Schwestern ~~werfen~~ warfen es den zwei Enten hin. Nun war auch Emilie wieder glücklich.

Aufgabe 3 Seite 119

Zähle für jedes richtige Wort **1 Punkt**.

a) schaffen
b) schuften
c) sich beschäftigen
d) sich anstrengen
e) werken

Lesen

1 TEXTE VERSTEHEN

Übung 1 Seite 120

Folgende Schlüsselwörter könntest du unterstrichen haben (Beispiellösung):

Till Eulenspiegel aß und übernachtete einige Zeit in einer Herberge. Eines Tages war das Essen nicht pünktlich fertig. Da Eulenspiegel großen Hunger hatte, ärgerte er sich sehr darüber und beschwerte sich beim Wirt. Dieser aber sagte nur: „Wer nicht warten kann, bis das Essen fertig ist, muss mit dem vorliebnehmen, was er gerade hat."

Da setzte sich Eulenspiegel an den Kamin und aß ein Stück Brot, das er noch in seiner Tasche fand. Als das Essen nun fertig war, forderte der Wirt Eulenspiegel auf, sich an den Tisch zu setzen. Doch Eulenspiegel war sauer auf den Wirt und sagte: „Nein, ich habe keinen Hunger mehr. Der Geruch des Bratens hat mich schon satt gemacht." Und er blieb am Feuer sitzen.

Nach einer Weile kam der Wirt und verlangte von Eulenspiegel Geld für das Mittagessen. Eulenspiegel antwortete: „Aber ich habe doch gar nichts gegessen. Wieso soll ich dann

Lösungen

Geld bezahlen?“ Der Wirt, der auf der Bezahlung bestand, erwiderte: „Du hast den Braten gerochen und bist vom Geruch satt geworden. Deshalb musst du das Essen auch bezahlen.“

Da nahm Eulenspiegel einen Taler aus der Tasche und ließ diesen auf den Tisch fallen. Er sagte: „Wirt, hörst du den Klang des Geldes?“, und schnappte sich den Taler sofort wieder.

„Ja“, sagte der Wirt, „den Klang höre ich.“ „Siehst du“, meinte Eulenspiegel, „so wie der Geruch des Bratens mich satt gemacht hat, so soll der Klang des Geldes eure Bezahlung sein.“ Und Eulenspiegel verließ die Herberge.

Übung 2 Seite 122

Diese Bilder solltest du eingekreist haben:

Übung 3 Seite 123

a) Was hat Eulenspiegel gegessen?
- ☐ Einen Braten.
- ☒ Ein Stück Brot.
- ☐ Nichts.

b) Wofür verlangte der Wirt Geld von Eulenspiegel?
- ☐ Für den Braten, den er gegessen hat.
- ☒ Für den Geruch des Bratens, den er eingeatmet hat.
- ☐ Für die Übernachtung in der Herberge.

c) Welche Bezahlung erhielt der Wirt?
- ☒ Den Klang des Geldes.
- ☐ Den Geruch des Geldes.
- ☐ Das Geld, das Eulenspiegel ihm gab.

d) Was ließ Eulenspiegel auf den Tisch fallen?
- ☐ Eine Münze.
- ☐ Einen Euro.
- ☒ Einen Taler.

2 TEXTE VORLESEN

Übung 1 Seite 124

Lies den Text nochmals deinen Eltern vor. Sie werden dir sagen, wie gut du die Übung geschafft hast.

Übung 2 Seite 125

So könntest du die Fabel zum Vorlesen vorbereitet haben:

Das Pferd und der Esel (nach Äsop)

Ein Bauer trieb ein Pferd und einen Esel zum Markte. / Beide waren gleichmäßig mit Waren beladen. / Als sie schon eine gute Strecke vorwärtsgegangen waren, / fühlte der Esel, / wie er immer schwächer wurde. / „Ach", bat er das Pferd mit kläglicher Stimme, / „du bist viel größer und stärker als ich, / aber du hast nicht schwerer zu tragen. / Nimm mir doch bitte einen Teil meiner Last ab, / sonst kann ich nicht mehr weiterlaufen." / Doch das Pferd schlug ihm hartherzig seine Bitte ab: / „Ich habe selbst mein Gepäck zu tragen, / das reicht mir." / Keuchend schleppte sich der Esel weiter, / bis er erschöpft zusammenbrach. / Vergeblich versuchte der Herr, ihn zu retten / – er war tot. / Es blieb nun nichts weiter übrig, / als die ganze Last des Esels dem Pferde aufzupacken. / Um noch etwas von dem Esel zu retten, / zog ihm der Besitzer das Fell ab / und legte auch dieses noch dem Pferde oben auf. / Zu spät bereute das Pferd nun seine Hartherzigkeit. / „Mit leichter Mühe", so klagte es, / „hätte ich dem Esel einen kleinen Teil seiner Last abnehmen / und ihn vor dem Tode retten können. / Jetzt muss ich seine ganze Last / und dazu noch seine Haut tragen." / Hilf also rechtzeitig, / wo du helfen kannst.

TEST

Höchstpunktzahl: **16 Punkte**

Aufgabe 1 Seite 126

Zähle für jedes unterstrichene Schlüsselwort bzw. für jede Schlüsselwortgruppe **1 Punkt** (insgesamt etwa **10–12 Punkte**).

Folgende Schlüsselwörter könntest du unterstrichen haben:

Unsere Erde ist der dritte von acht Planeten unseres Sonnensystems. Sie ist etwa 4,6 Milliarden Jahre alt und man nimmt an, sie ist der einzige Himmelskörper, der bewohnt ist. Unsere Erde wird auch „blauer Planet" genannt, weil sie zum großen Teil aus Wasser besteht. Die Erde braucht 365 Tage, bis sie sich einmal um die Sonne gedreht hat. Innerhalb von 24 Stunden dreht sie sich einmal um sich selbst. Dadurch entstehen Tag und Nacht. Auf unserer Erde leben etwa 6 Milliarden Menschen. Die Erde war vor einigen Milliarden Jahren noch eine Feuerkugel. Erst später kühlte die äußere Schicht dieses Feuerballs ab und wurde fest.

Aufgabe 2 Seite 127

Zähle für jeden richtig angekreuzten Satz **1 Punkt**.

Folgende Sätze sind richtig:

a) Unsere Erde ist der dritte Planet von insgesamt acht Planeten des Sonnensystems.
b) Unsere Erde heißt auch „blauer Planet", weil sie vor allem aus Wasser besteht.
c) Früher war die Erde ein Feuerball.

Aufgabe 3 Seite 127

Lass dir für deinen Vortrag **1–3 Punkte** geben.

So könntest du das Gedicht bearbeitet haben:

Der Vogel (Wilhelm Busch)
Es sitzt ein Vogel auf dem Leim, /
Er flattert sehr und kann nicht heim. /
Ein schwarzer Kater schleicht herzu,
Die Krallen scharf, die Augen gluh. /
Am Baum hinauf und immer höher /
Kommt er dem armen Vogel näher. /

Der Vogel denkt: Weil das so ist
Und weil mich doch der Kater frisst, /
So will ich keine Zeit verlieren, /
Will noch ein wenig quinquilieren
Und lustig pfeifen wie zuvor. /
Der Vogel, / scheint mir, / hat Humor.

TESTAUSWERTUNG

16–13 Punkte

Gratulation! Du hast die Testaufgaben prima gelöst!

12–10 Punkte

Gut! Du hast schon ziemlich viele Punkte zusammen. Schaffst du es, noch konzentrierter zu arbeiten?

9–7 Punkte

Du hast etwa die Hälfte der Punkte erreicht. Das ist schon ganz gut. Schau dir aber nochmals an, was dir Schwierigkeiten bereitet hat, und wiederhole schwierige Aufgaben.

6–4 Punkte

Du hast schon einiges gelernt, doch mit manchen Aufgaben scheinst du noch Probleme zu haben. Sieh dir diese Übungen nochmals gut an. Vielleicht kannst du jemanden bitten, dir zu helfen?

unter 3 Punkte

Bitte deine Eltern, dir die Aufgaben nochmals zu erklären, und wiederhole regelmäßig. Du weißt ja: Übung macht den Meister!

Zusätzliche Übungen mit Lösungen zu jedem Kapitel findest du auf unserer online-Lern-Plattform www.gute-noten-in.de

Mit deinem Passwort für Deutsch, Klasse 3/4, kannst du dich ganz einfach kostenfrei einloggen und üben:

b9NfR6